Raising Human Beings
Creating a Collaborative Partnership with Your Child

合作式养育

［美］罗斯·格林（Ross W. Greene, PhD）著　　王佳　赵婷婷 译

天地出版社 | TIANDI PRESS

图书在版编目（CIP）数据

合作式养育 /（美）罗斯·格林著；王佳，赵婷婷译．—成都：天地出版社，2018.1
ISBN 978-7-5455-3253-1

Ⅰ．①合…　Ⅱ．①罗…　②王…　③赵…　Ⅲ．①儿童教育—家庭教育　Ⅳ．① G782

中国版本图书馆 CIP 数据核字（2017）第 248504 号

著作权登记号 图字：21-2016-270

合作式养育

出品人　杨　政
著　者　[美] 罗斯·格林
译　者　王　佳　赵婷婷
责任编辑　陈素然
封面设计　今亮后声 HOPESOUND pankouyugu@163.com
电脑制作　今亮后声 HOPESOUND pankouyugu@163.com
封面图片　C F P
责任印制　葛红梅

出版发行　天地出版社
（成都市槐树街 2 号　邮政编码：610014）
网　址　http: //www.tiandiph.com
http: //www. 天地出版社 .com
电子邮箱　tiandicbs@vip.163.com
经　销　新华文轩出版传媒股份有限公司

印　刷　天津文林印务有限公司
版　次　2018 年 1 月第 1 版
印　次　2018 年 1 月第 1 次印刷
成品尺寸　165mm × 235mm　1/16
印　张　17.5
字　数　233 千字
定　价　39.80 元
书　号　ISBN 978-7-5455-3253-1

咨询电话：（028）87734639（总编室）
购书热线：（010）67693207（市场部）

本版图书凡印刷、装订错误，可及时向我社发行部调换致塔里亚和雅各伯……

未来属于你们。

想要帮助别人？闭嘴，听人家说！

——TED 演讲人　欧内斯托·西罗利

除非你从别人的观点考虑问题：
在你钻进别人的身体里四处游荡之前，你决不会真正了解他。

——《杀死一只知更鸟》作者　哈珀·李

成年人可以从小孩子身上学到很多，因为小孩子的心灵是最纯净的。
因此圣灵才会把成年人迷失的东西展示在小孩子面前。

——《黑麋鹿如是说》口述者　黑麋鹿

给我讲过，我很快就忘记；
给我讲解，我会记住；
让我参与，我真正学会。

——本杰明·富兰克林

名人推荐

各地的家长和孩子们都将受益于格林博士对于日常亲子互动的真知灼见。他对家庭生活和日常矛盾的深刻体会贯穿全书。他为把家庭矛盾从对抗转变成合作提供了现实的、具体的、有效的指导。太棒了！

——琼·达兰特博士（Joan E. Durrant, PhD）

《日常育儿中的正面管教》作者

罗斯·格林对家庭教育做出了深入的研究，提出了简明、可行、对家长和孩子都有利的指导原则。

——阿黛尔·法伯（Adele Faber）

畅销书《如何说孩子才会听　怎么听孩子才肯说》作者

罗斯·格林鼓励我们帮助孩子获得解决问题、富有同情心、具有远见这些终生受益的能力。书中引人入胜的故事和清晰的步骤会帮助你培养出有思想有毅力的人。

——丹尼尔·西格尔（Daniel J. Siegel）

《全脑教养法》《青春期大脑风暴》作者

想知道如何让你的孩子为这个创新时代做好准备吗？想知道如何培养自知自明、善于创造性地合作解决问题的孩子吗？罗斯·格林在这本书中给出了答案。使用他介绍的这种方法吧，它会让你的孩子更加茁壮地成长！

——托尼·瓦格纳（Tony Wagner）

《教育大未来》作者

目　录/contents

Chapter 4 你的选择

Chapter 5 共同解决问题

前 言

你有没有认真想过：
我到底想培养什么样的孩子？

亲爱的读者，很高兴你拿起这本书。因为这本身就说明，你很重视孩子的教育问题，并且希望把它做好。

这很好！也许你的孩子正需要你考虑明白为人父母的责任和方法。如果你对此还有疑问，那也是可以理解的。如今，抚养孩子的忠告俯仰皆是，但又南辕北辙，很难分辨谁对谁错，谁轻谁重，谁优谁劣，尤其是当孩子没有达到父母预期的时候，更是不知如何处理才好。

让我们从孩子成长最重要的任务开始思考：孩子需要弄清楚他自己是谁，要了解他自己的技能、喜好、信仰、价值观、人格特质、人生目标及方向，在生活中要学会接纳自己，并且向着自己的目标努力前进。

作为父母，你也有同样的任务：你需要弄清楚你的孩子是什么样的人，接受他的一切，帮助他过好他自己的生活。当然，你也希望自己有一定的影响力。你希望孩子从你的人生经历、学识和价值观中获益，以更好地面对现实世界中来自学业、社会和行为方面的挑战。

在抚养孩子的时候，是强调家长的影响力还是让孩子顺其自然，这个平衡是很难把握的。一旦失去这个平衡就会引起父母和子女之间的冲突，现实生活中这种事经常发生。这本书中提到的合作性的、非惩罚性的、非对抗性的育儿方法将会帮助你保持这种平衡，以保证父母与孩子之间顺畅地沟通。

这本书有双重目标：一方面，你肯定期待和孩子保持良好的关系，希望孩子有能力应对现实世界的需求和挑战；另一方面，你还想在养育孩子的过程中激发孩子内心更积极的人性特质。

人类可以无私也可以自私。人类的本能可以让我们满怀同情，亲密无间地合作，也可以让我们变得麻木，充满戾气，引发冲突和毁灭。我们诚实可靠，能够设身处地为他人着想；我们通力合作，懂得换位思考；我们能够欣赏他人的美德，可以用和平的方式解决分歧。这些品质都是现实世界所需要的，都可以通过培养和鼓励获得。这本书中提到的方法就可以帮助你形成这样的品德。

像很多父母一样，一旦陷入日常生活的琐事，你就很难保持争做模范家长的初心了。当每一天你需要把大量精力消耗在孩子的卫生、家庭作业、家务活、户外运动、家庭活动、约会、交友、拼车、入学考试、大学申请等琐碎的事情时，你很容易就迷失了大方向。但是从长远来说，所有的付出都是值得的，因为这不仅有利于融洽你和孩子的关系，还有利于应对来自全人类和未来世界对我们的天性和行为等方面的挑战。这一切都应该从抚养孩子做起。

现在，我简单地介绍一下自己。我是两个十几岁孩子的父亲，因此在抚养孩子的方面我拥有大量的第一手资料。为人父母是我生命中最有意思也是最谦卑的经历。我从事临床心理学工作 25 年了，擅长社会、情感、挑战性行为的儿童心理学问题治疗。我在家庭、学校、医院精神病科、社区、监狱等各种场合对数千名儿童进行过心理干预治疗。有很多人想知道我的心理学训练和临床经验是否有利于我养育自己的两个孩子。答案是肯定的。但是和其他人一样，我都需要从了解我的孩子，弄清他们的为人开始。因为我的孩子们一直在成长，在影响着我，所以在抚养他们的时候我也在不断地调整适应。

在我的第一本书《暴脾气小孩：教养执拗、易怒孩子的新方法》中，我阐述了一种适合有挑战性行为儿童的教育方法，这种方法现在被叫作“积极合作式问题解决法”。这种方法会帮助监护人把注意力从改变孩子的不良行为转移到解决造成孩子行为出现偏差的问题根源上。在这本书中，你还会大量地看到这种方法，因为这种方法对有典型行为问题的孩子非常适用。其实，“典型”儿童和那些有挑战性行为的儿童并没有太大的区别。确实有一些孩子比其他人更加暴力和易怒。有一些孩子是话痨，另一些则很安静或者完全不说话。有一些孩子来自优越的环境，另一些来自较为困难的家庭；有的孩子和亲生父母住在一起，其他的可能来自单亲家庭、再婚家庭、收养家庭、寄养家庭，有的甚至是和祖父母相依为命。有些孩子成绩不理想，有些有交友障碍，还有些是过分沉迷于视频游戏和社交媒体。有些孩子有远大的志向，有些人却对未来没有太多的考虑。

但是，他们对父母或者监护人的要求是一样的：他们要知道如何在对孩子的期望和孩子本身的技能、喜好、信仰、价值观、人格特质、人生的目标及方向之间保持平衡；能够把这种平衡带到每一天的生活中；可以指导孩子解决影响他们生活的问题；并且用培养最理想的人类天性的方式去帮助他们。

因为这本书会涉及男孩和女孩，如果每次都说他或者她、他的或者她的会很啰嗦，但是我又不想在书中只提到一种性别的孩子，所以在整本书的各个章节男孩和女孩会交替出现。在创作的过程中，我借鉴了大量真实的案例，但是书中角色都是虚构的。为了阐释更多的主题和策略，书中有一部分故事是连续的。当然，我非常希望你能够在这些角色和故事中找到自己的影子。

对于一些读者来说，这本书中的观点并不陌生。另外一些读者可能会觉得本书中的观点相当新颖。也许你会发现有些地方和你现在的思维方式不同，有些策略感觉像天方夜谭。但是请允许这些观点慢慢渗透，并尝试着使用一两次这本书中的策略，很有可能你会发现它们非常适合你。

罗斯·格林

于美国缅因州

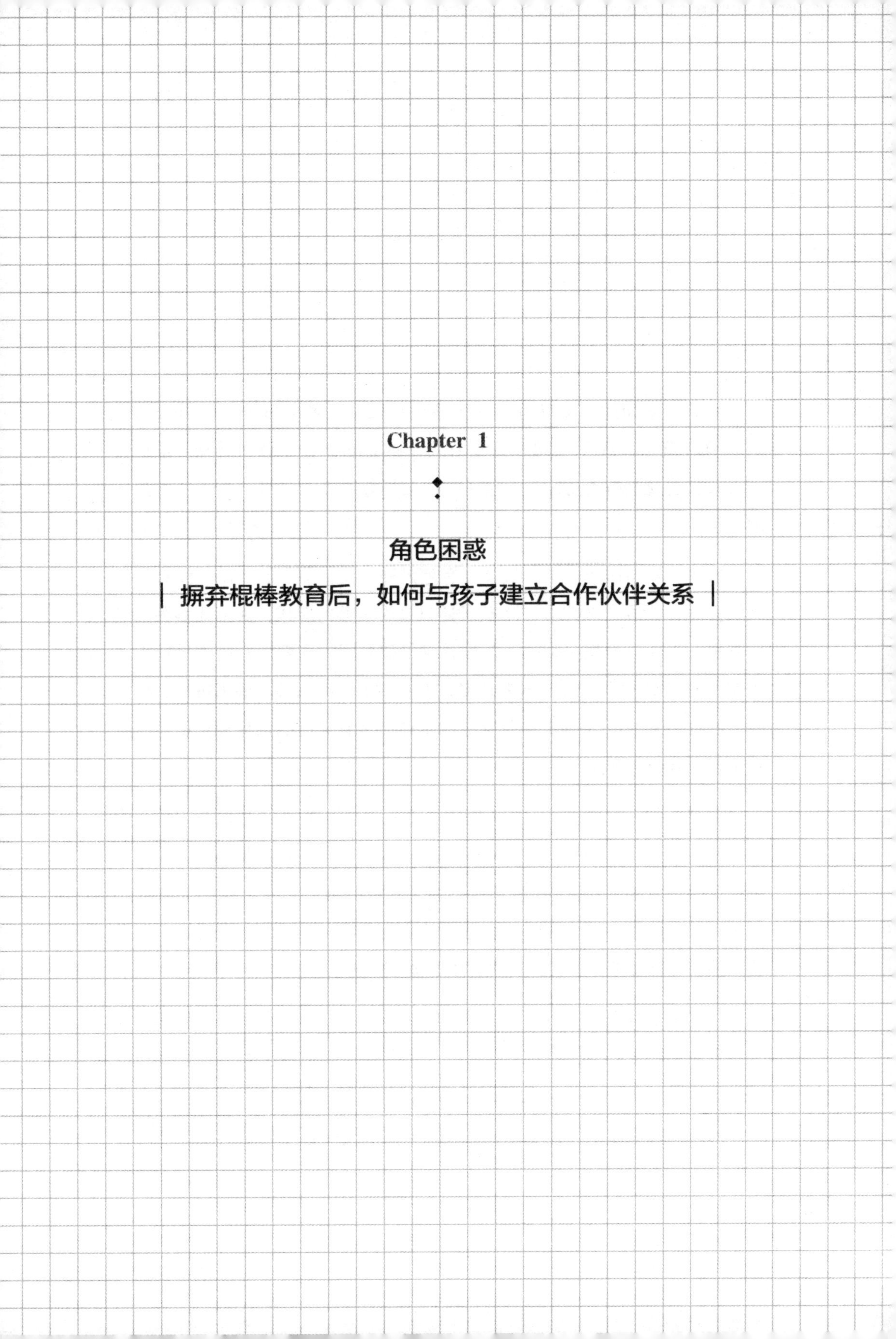

Chapter 1

角色困惑

| 摒弃棍棒教育后，如何与孩子建立合作伙伴关系 |

人类历来如此：父母告诉孩子该做什么，并要求孩子一定做到这一点。强权就是真理。父母永远是对的，棒下出孝子。孩子必须“依吾言而行事，勿观吾行而仿之”。孩子应该被好好看管，父母不需要了解孩子的想法。

然而，和同样受压制的妇女、有色人种相比，孩子的地位已经有了很大的提高。就在不久之前，生孩子还只是为了繁衍后代，为了在耕种的时候有更多人手以增加家庭收入，或者仅仅就是因为计划生育措施进行得还不够彻底。到如今，人口越来越多，生养孩子已经不再是添丁进口、增加收入的唯一方法了。孩子也是独立的个体，也有自己的选择和价值，而且孩子们自己也意识到了这一点。

但是，西方社会仍有一些人并不乐意看到这个事实。他们认为现在的孩子目无尊长，不敬神明（亚里士多德也曾经有过类似的抱怨）。他们感慨孩子日趋“成人化”，并将责任归结于父母的监管不力。他们无限怀念过去那些美好的日子，那时候家庭成员角色分明，孩子的自我意识还没有这么强，并且父母也不会因为责打孩子被告上法庭。

当然，也有人并不认为过去像他们说得那么美好。他们也意识到强权和真理并不对等，父母也不总是对的。棍棒教育往往会适得其反，责打更是毫无道理可言。对孩子的教育并不仅仅是胡萝卜加大棒，孩子需要发言权，需要被倾听，这样将来才能更好地适应现实世界。他们也意识到并相信允许孩子有自己的想法和主张，可以为孩子将来面对现实世界做好准备。

所以，提到养育孩子，许多父母是有一定困惑的。他们不知如何界定放任与专制。他们希望自己的孩子是独立的，但又担心孩子会做出错误的选择。他们不希望显得粗暴和苛刻，但又害怕孩子变得固执和叛逆。他们愿意少一些一意孤行和专制，但又顾虑孩子会无心向学，精神萎靡。他们想和孩子建立亲密的关系，但又不愿意事事妥协。他们不想大吼大叫，可又迫切地希望孩子能听听他们的意见。

总之一句话，在养育孩子上父母要找到一个平衡。但是这个平衡很难达到，而且稍不留神就会被打破。

孩子有自己的个性，所以父母要与孩子建立合作伙伴关系，而其中，合作是关键。这种伙伴关系会帮助你和孩子在共同协作中成为同盟和队友，而不再是高高在上的顾问。这种合作会帮助你打造一个对你和孩子都有好处的纽带，为彼此留下足够的成长空间，为孩子以后伸展翅膀自由飞翔铸就坚实的基础。

我们似乎有点操之过急了。和孩子建立一个合作伙伴关系，这真的可能吗？

真的可能。你只是还没有注意到，自从孩子来到这个世界，这种合作就开始了。当他哇哇大哭的时候，你会设法去弄清原因并尝试让他不再哭泣。然后根据孩子的反应，来判断你的直觉是否正确，如果干预没有明显的作用，你就会使用其他方法。所以说父母和孩子的合作伙伴关系由来已久了。

当然，我也会被问到：“在这种伙伴关系中，父母是否仍然具有权威性？”

答案是非常肯定的。父母拥有绝对的权威，但绝不是“老派”意义上的强权。

事实证明，作为父母你寻求的是一种影响力而不是控制力。获得影响力的方法有很多，其中一种就是高压和胁迫。另一种方法则可以帮助你增强与孩子的沟通，改善和孩子的关系，并且为孩子以后面对现实世界做好准备。如你所想，这本书就是关于这第二种方法的。

好消息是你的父母身份本身就有一定的影响力。坏消息是你的影响力没有你想象的那么大，而且如果你使用不当，影响力还会不断变弱。

现在还有一个好消息要通报：**你的孩子也希望父母有影响力。**

这算是好消息吗？

是的，绝对是好消息。为了让孩子在现实世界中做得更好，他需要知道自己想要什么。当然了，如果他要什么你都满足的话也不是一件太理想的事情。孩子需要知道如何去追求他想要的东西，而且要学会体谅别人的需求和难处。正如犹太哲人希勒尔曾经说过的："我不为我，谁会为我？若只为我，我为何物？"遗憾的是，希勒尔也没有给出完美的答案。尽管如此，你还是需要帮助你的孩子做到两者兼顾。

许多家长并不了解如何同孩子建立一种协同合作的关系，而且作为成年人我们并不热衷于尝试未知的领域。如果我们犯错误，往往是因为我们走上了专制和强硬的极端，而且我们很容易就从（我们认可的）教育专家或者（我们挑选出来的）教育圣典那里找到相应的支持。然而，朝着协同合作关系的方向努力是值得的，有一天我们回首往事会庆幸我们的这个决定。

人类在许多领域已经取得了叹为观止的成就。我们可以使用电，有先进的音乐播放器，有智能手机，有网络；我们可以随时与世界上任何地方的人交流，我们掌握了飞行的技术；我们有能力探索宇宙，并且已经登上了月球；我们有足够的能力进行心脏、肝脏、面部以及四肢的移植，我们能够预防并治疗疾病，我们可以培育试管婴儿……甚至保障早产儿的成活率。

但是我们还是总是过度依赖权力和控制来解决问题。在这个极其重要的方面我们还是没有什么进展。那么就让我们从抚养孩子开始。

引用希勒尔的后半句话："此时不为，更待何时？"

汉克家

为什么每天早晨都像是世界末日似的，难道就不能轻松一点吗？

正如你在引言中读到的，有几个故事会贯穿这本书的始终。每一个故事都关注不同的家庭。这些家庭的情形会帮助你了解书中阐述的主题和策略。现在我们就来看看第一个家庭的故事。

单身母亲丹尼斯的清晨总是像打仗一样让人精疲力竭。她有三个孩子要上学，自己还要工作（最好是准时到达公司），因为她的老板对于迟到的员工会努力表示理解，但绝不会姑息。

“汉克，赶紧下楼来吃早餐！尼克，不要做家庭作业了，赶紧去穿衣服准备上学！不管怎么说，你昨天晚上就应该把作业写完！夏洛特，关掉电视，准备好书包。你就要赶不上校车了！我告诉过你一万遍了不要在早晨上学之前看电视！狗还没有喂呢！”

丹尼斯最小的孩子夏洛特晃进厨房：“不能让其他人去喂狗吗？我的事情已经够多的了。”

“好吧，我来喂狗，”丹尼斯一边说着一边把牛奶倒进汉克的麦片粥里，“赶紧走，不然赶不上校车了！我可没有时间再送你上学了！”

“我喜欢你送我去学校。”夏洛特说着坐在了厨房的椅子上。

“夏洛特，别坐下！”丹尼斯说，“我也喜欢送你去学校，但是不能在我已经要迟到的时候。赶紧去坐校车！”

夏洛特从椅子上起来，正好碰到她的哥哥汉克进来吃饭，他坐下的时候顺手拧了一下她的耳朵。

“妈妈！”

“汉克，别和她闹了！”丹尼斯斥责道，“我是怎么和你说的？你再欺负你妹妹我就不让你玩游戏机了！”

“早餐吃什么？”汉克含糊地说道，他还没有完全睡醒。

丹尼斯把一碗麦片粥放在了汉克的面前。

“我不想吃麦片粥。”汉克抱怨道。

“今天我没时间做别的了。”

“那我不吃了。”

“冰箱里面还有点冷冻的华夫饼，”丹尼斯提议，“吃那个行吗？”

“我不想吃早餐了。”

“我不希望你饿着肚子去上学。”丹尼斯一边说一边开狗粮罐头。

“嗯，我不饿。除了周末你永远没有时间做松饼。”

汉克起身离开了厨房。

“我不能每天做松饼！”丹尼斯说，“而且其他人都不喜欢松饼。尼克，别做作业了。汉克不吃这碗麦片粥了，你吃吗？”

“汉克没准已经在里面吐口水了。”尼克说。

“没错，胆小鬼，”汉克站在门廊里大喊，“因为胆小鬼要吃我的口水。”

“我没有吃。”尼克反驳说。

丹尼斯叹了口气，把那碗麦片粥倒进了水槽里，打算给尼克冲一碗新的。

“我不要用他吐过口水的碗！”

“好吧，我给你拿个新碗。”丹尼斯又拿出一个碗给尼克冲好牛奶麦片粥，然后随手把狗粮放在了尼克面前。

“真恶心！”在丹尼斯还没有意识到放错的时候尼克就开始抗议了。“天啊！”丹尼斯赶紧把狗粮拿走，换上麦片粥。

“别把狗粮洒在我的作业上面！”尼克警告说。

“再见。”夏洛特从门廊那里打招呼。

“再见，甜心，我爱你！”丹尼斯回应。

一分钟之后，丹尼斯听见汉克没说再见就走了。然后她发现尼克还没有开始吃饭。

“尼克，别再写那个见鬼的作业了！”

当尼克也走了，丹尼斯才出门上班，和往常一样又迟到了几分钟，她止不住想：为什么每天早晨都像是世界末日似的，难道就不能更轻松一点吗？

孩子也是独立的个体，

也有自己的个性。

因此，父母要与孩子建立合作伙伴关系。

而其中，合作是关键。

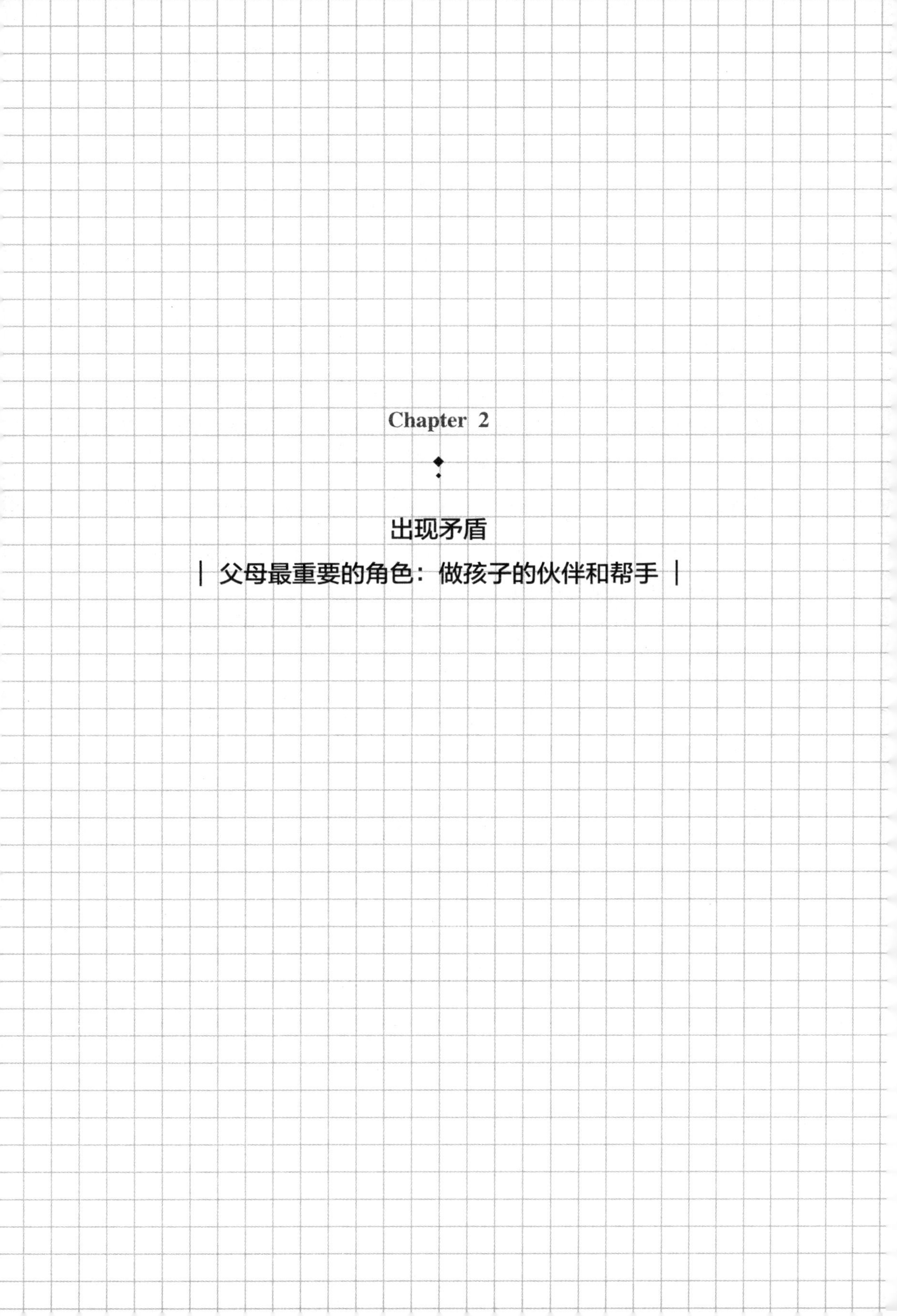

Chapter 2

出现矛盾

| 父母最重要的角色：做孩子的伙伴和帮手 |

如前文提到的，**每个孩子都有一个共同的任务：弄清楚她自己是谁**——她的技能、喜好、信仰、价值观、人格特质、目标及方向，接纳自己，追求自己的生活。**这也是著名的心理学家卡尔·荣格提到的自我实现。**

在前面还提到，作为父母有一项很重要的任务：你要弄清楚你的孩子是谁，接纳她，帮助她好好生活。有一点要注意到：你的任务不是把一块泥土塑造成你想象的样子，再说孩子也不是一块泥土，而且你也没有那样的权利。

但是你确实希望你的孩子能够从你的人生经验、智慧和价值观中获得帮助。换句话说，你希望自己有足够的影响力。那个影响力是通过你对孩子的期望体现的，这个期望包括很多方面：家庭成员（比如家庭琐事，如何对待家庭成员），健康（卫生、睡眠、食物选择），学业（成绩、努力的程度、学习习惯），社会成员（与人相处、遵纪守法、社会责任），未来（自力更生、自给自足）。你的期望不能是盲目的，必须要和孩子的技能、喜好、信仰、价值观、人格特质、目标及方向（总的说来就是孩子的特性）一致。对孩子充满期望的不只是父母，社会也对孩子有学术、社交和行为方面的期望。

在孩子的成长过程中，她的特性和你以及社会对她的需求与期望在不断地相互作用。随着孩子的成长，标准在不断提高，需求和期望也变得更加强烈和复杂。而且随着时间的推移，孩子的特性也会不断地发生变化。

大部分孩子在大多数时候能够实现家庭和社会对他们的期望。但是每个孩子总有那种需要特别努力的时候，有一些孩子需要付出比别人更多的努力。换句话说，有时候孩子的特性和父母以及社会加注在他们身上的期望并不匹配。

例如，如果一个老师要求孩子长时间地保持全神贯注和静坐的状态，但是孩子却分心多动或者对教学内容毫无兴趣，那么老师的期望和孩子的特性就存在矛盾了。如果孩子不得不克服重重困难取得成功，或者急于取悦老师，或者有能力在她感到厌烦的时候还能够集中注意力，或者是害怕你因为她的糟糕成绩发火，她都可能会试着克服分心、多动和无聊，哪怕只是在某些时候。但是即使孩子没有以上这些特性，矛盾依然存在。

如果在校车上孩子的同龄人都很吵闹，并且经常戏弄他人，而孩子内向、腼腆、敏感，那么在校车上的这种社会需求和孩子的反应能力就是不匹配的。如果孩子可以泰然处之，或者能够加入其他内向孩子的圈子，她就有可能减少或者战胜校车上的这种矛盾冲突。但是假如她没有这样的自保能力，那么她就无法解决校车上发生的问题，这时矛盾依然存在。

假如孩子的老师留下了大量的数学作业，但是孩子只明白其中的一部分，不能完成所有的任务，那么矛盾就出现了。如果孩子能够顽强地应对逆境，或者在她需要帮助的时候能够找到资源，并且在外援没有效果的情况下还能继续寻求其他的帮助，又或者老师很关心自己的学生，善于发现孩子们的难处，而且擅长提供帮助，这种情况下，孩子也许可以解决矛盾。否则，矛盾依然存在。

请注意在最后的这个例子中，**解决矛盾不仅仅是你孩子一个人的责任。有时候，孩子需要一个伙伴来帮忙。而你最重要的角色就是做孩子的伙伴和帮手。**

我们倾向于把帮手这个称呼放在一些专业人士身上，比如医生、心理健康咨询师、教育工作者。但是作为一名家长，你也能够像专业人士那样向孩子提供帮助。在这种情况下，作为一名帮手你应该了解以下这些事情：

1. 帮手要真正去帮忙。换句话说，在希波克拉底誓词下，帮手不能帮倒忙。（希波克拉底，古希腊人，西方医学奠基人，被尊为“医学之父”。《希波克拉底誓言》只有五百多字，是医学院学生入学的第一课以及他们的就职宣言。在其他领域里，希波克拉底誓言也被看作行业道德的要求。）

2. 帮手不要太感情化。换句话说，帮手要努力把自己置身事外，因为只有这样才能保持客观。尽管帮手可以有自己的情绪，但是不能被情绪影响。也就是说，帮手要尽量保证不要把个人的情绪带到要解决的事情上。

3. 帮手只有在需要帮助的时候才出手。也就是说，父母作为帮手，还要注意锻炼孩子的独立性。

坚持这些原则是很难的。天底下没有什么能比父母的爱更加伟大。你一直都在关心和担心孩子的成长。当她还是个需要完全依赖你的婴儿的时候，你就在她身边。在那之后，你还会经历很多的起起伏伏。为人父母的日子将会是你生命中最美好的时光。

当然，为人父母的日子也可能会是人生中最糟糕的时光，甚至让人很难保持积极的心态去帮忙，以至于不得不通过专制的方式来解决问题。然而，父母还是应该坚持帮手的角色。即使孩子没有达到父母的期望，即使孩子说出了让父母伤心的话，即使孩子在青春期的时候对父母不屑一顾，即使孩子已经更愿意和同龄人而不是父母一起逛街，父母仍然是孩子的伙伴。

当她的特性与世界对她的需求和期望一致的时候，生活并没有那么大的压力，孩子也不是那么需要父母这个伙伴。当矛盾发生的时候，孩子和作为监护人的父母都会感到莫大的压力。

但是矛盾也可以成为孩子成长和适应这个社会的动力。

换句话说，有矛盾也不全是坏事，因为不可避免，所以说有矛盾也是好事。但是伴随矛盾而来的冲突则不是什么好事，而且是可以避免的。

看着孩子和矛盾斗争并不轻松。要时刻注意她是否需要你的帮助，她是否自己就能解决。如果她确实需要父母的帮助，那父母就要开始行动了。

◆ 矛盾初现：噘嘴、骂人、摔东西，都是孩子需要帮助的信号

让我们往回看一下。从孩子出生开始，她的特性与世界的期望就开始相互作用。对婴儿能有什么期望呢?

在不同的家庭、对不同的孩子期望各不相同，也许并不完全一样。

但是，自我安慰、调节情绪、摄取和消化食物、建立规律的睡眠周期、适应感知环境（比如冷热交替、光线变化、声音高低、变化等）、睡在独立的小床上、与人的交流（开始基本的互动，长大后复杂的沟通）都是对孩子的期望。

假如孩子能适应这些需求，那么其他的问题也会迎刃而解，事情就会很顺利。但是如果孩子不能够应对这些问题，性情变得暴躁，或者是需求失衡的话，矛盾就会出现，很有可能事情就会进展得不顺利。

婴儿如何向父母表达这种矛盾呢?

由于不能使用语言，孩子往往会通过哭泣、叫喊、脸色涨红、翻滚扭动、呕吐、粗喘、不睡觉或者睡太多等举动来表达。如果监护人没有弄明白孩子要表达的意思或者对这些信号视若无睹，那么这种矛盾很可能会加剧。

当然了，婴儿期只是社会期望与儿童特性统一 / 矛盾的最初时期。在孩子的成长中有很多的阶段，我们可以把矛盾出现的时期叫作脆弱点。比如说，在孩子蹒跚学步的时期，社会需要孩子通过语言来表达需求、想法和困惑。如果孩子开始咿呀学语，就和现实的期望达成了一致。如果孩子不能够用语言进行沟通，或者需求与期望出现了偏差，那么矛盾就产生了。

除了语言能力，另外一项技能会在孩子 12 个月到 18 个月大的时候出现，那就是运动的能力。语言能力和运动能力的出现都是婴儿令人兴奋的成长表现，但是它们也会导致矛盾的出现。在这两种能力出现之前，孩子们就知道他们想要什么或者什么时候需要（通常是立刻！），语言能力和运动能力给他们搭建了更加方便的平台。尤其是孩子开始意识到她自己是谁，并且学会接受自己，追求自己想要的生活的时候，了解自己的需求并且去努力实现是一件很好的事情。但是她需要的东西和时机不一定是合适的、安全的，这时候父母的影响就非常重要了。

蹒跚学步的孩子如何表达矛盾呢？经常是通过一些通用的矛盾标志：发脾气。2 岁叛逆期是孩子成长中激动人心的时刻，但是令人遗憾的是，这个时期的孩子会经常发脾气。但是你不能把孩子对技能、喜好、信仰、价值观、人格特质、目标及方向等的早期表现当作是一件很糟糕的事情。发脾气就表明有矛盾产生，但是它并不是对父母影响力的挑战。发脾气是让父母知道孩子需要帮助，而且也为父母提供机会来教会孩子掌握重要的技能，比如：延迟满足、以适当的方式表达关切、考虑别人的需要、抗挫折力、解决问题的灵活性。父母不需要因为孩子发脾气而大发雷霆。如果处理得当的话，2 岁叛逆期可以成为孩子成长、学习和探索的重要时期。对于 3 岁、4 岁和以后的叛逆期来说，情况都是一样的。

说到以后，当孩子长到三四岁的时候，社会开始要求他们能够长时间的静坐并保持注意力集中，他们会展示出更好的灵活性和适应性，掌握越来越复杂微妙的社会技能。保持注意力集中和自我约束属于执行能力，它们与孩子解决问题、处理挫折、适应环境、做决定、做计划、克制冲动和举一反三的能力是有关的。社会技能还包括其他的能力，例如分享、加入团队、会话、恰当地表达；还有更为重要复杂的能力，如同情心、对别人的欣赏、设身处地地为别人着想。随着孩子的成长，期望值在不断增加：自己上厕所、晚上独自睡觉、准备好上学、自己穿衣服、和监护人分开、会拼写词语、能写作、会算数、能阅读、可以完成家庭作业、参加体育活动、结交朋友、解决分歧。当然了，刚刚列举的这些都是些表面化的要求。和前面说到的一样：当孩子能够适应这些期望时，一切就很美好；当孩子不能达到预期要求时，矛盾就产生了。

再大一点的孩子怎么表达矛盾的存在呢？就像他们小的时候一样，通过各种行为传达：噘嘴、生闷气、放弃、尖叫、骂人，扔东西，摔门，说谎，或者逃课。在极端的情况下，孩子会通过伤害自己或者他人的方式来表达矛盾的存在，比如说伤人、破坏财物、自残、催吐、酗酒、吸毒甚至更糟。还有许多其他可能的矛盾表现：糟糕的成绩、不爱上学、朋友很少或者没有朋友、沉迷于视频游戏等。

成年人很容易过分关注孩子的这些应激行为。许多心理健康专家也有一样的倾向。但是应激行为只是孩子表达矛盾存在的一种途径，就是一个信号。为了更有效果，父母应该把注意力集中在找寻并解决引起应激行为的根源本身。应激行为是在下游发生的事，父母要关注上游，努力解决导致这种行为的矛盾。

如果一个孩子在足够长的时间内表现出足够多的不良应激行为，那么她很有可能会符合一个或者多个心理健康专家赖以诊断精神科疾病的标准。通常情况下，这些诊断标准指向一大堆不好的行为。可以明确地告诉大家，我认为儿童心理诊断的坏处大于好处，当然我们可以就它的好处和坏处进行辩论，但是有一点要明确：诊断证明有矛盾存在的时候，人们往往认为错误的根源在孩子身上，这将大大增加成年人将注意力集中在问题儿童身上的可能性，从而忽视矛盾本身。

顺便提一下，有很多孩子虽然也有不良的行为，但是还没有达到被诊断为精神障碍的地步。身为父母肯定是不希望等到孩子真的被诊断为精神障碍才发现有矛盾的存在。

即使不是精神诊断，人们也往往会用一些词来形容那些没有达到期望的孩子，以暗示他们有问题：缺乏动力，懒惰，虚弱，爱摆布人，强硬，任性，寻求关注，挑战大人的极限，无礼，等等。这些形容词往往会让我们对不符合期望的孩子做出不正确的判断。以下列表只是其中的一部分：

“她总是表现得很差劲。”

“她总是惹我生气。”

“她认为她能够骗过我。”

“她不懂照顾人。”

“她就是个坏丫头。”

“她没有全力以赴。”

“我知道她能做……她就是不努力。”

"她需要清醒。"

"需要有人告诉她要做什么，并且催着她去做。"

"看起来她是不撞南墙不回头。"

这些表达也会造成家长只关注解决问题而忽视了引发问题的矛盾所在。

◆ 你的角色：请重视矛盾出现的根源

让我们来谈谈你的问题。父母在孩子的身上倾注了许多的感情：希望自己成为合格的家长，希望自己的做法都是对的，希望孩子能够感到被爱、被关怀、被保护；希望她能够成才，想确保她已经做好了面对现实世界的准备；也许你想沿用自己父母的方法来养育她，或者你希望和自己父母的做法截然不同。

所有的父母在应对统一 / 矛盾时都有各自的倾向和特点。以下这些是最重要的：

- 你如何协调和应对你的孩子和她的需求
- 你如何处理压力和挫折
- 你的韧性水平
- 你的耐心水平
- 你从和孩子的关系中可以得到什么
- 你认为你和孩子的关系属于什么类型

- 你认为家长应该是什么样子
- 你谈论孩子的方式及与孩子的相处方式分别是什么
- 你希望和孩子相处的时间是多久
- 你和孩子外出活动的意愿有多强烈
- 你由于工作或者其他的事情无法尽为人父母义务的程度
- 你是否意识到自己的行为对孩子的举止有影响
- 你是否意识到对孩子的期望是否合理和现实

正如你可能亲身经历过的，在矛盾出现的时候，有可能孩子们并不总是被严厉批评的那一方。社会对他们的父母也有严厉的评判：反复无常、消极被动、松懈、悲观、顽固、不够严厉、做作、娇惯、过度干涉、放任自流、过度保护、犹豫不决、冷淡、不负责任等。但是把父母看作问题和把孩子看作问题都会适得其反，都会让我们把注意力集中在改善问题父母或者问题儿童上面，从而忽视了矛盾出现的根源。

◆ 结果：你的反应，将决定是否能成为孩子的伙伴

从现在开始我们要把不同的因素放在一起：孩子以及她的特性，你以及你的期望，社会以及它的需求和期望。我们知道这些因素有时会形成统一，有时会出现矛盾。我们已经意识到在矛盾出现的时候你的反应将会决定你和你的孩子是否能够成为伙伴，你是否会是一个有效的帮手，你的影响是否真的有影响力。

疑问 & 解惑

Q：我孩子的特性是怎么形成的？它主要是来自于先天还是后天？

A：两者都有。她的技能和你的技能都是百分百来自于先天遗传，也会百分百受到后天影响。

人们很容易认为某些特性是完全由先天遗传造成的，尤其是那些家族遗传疾病。然而遗传学的研究告诉我们，从遗传上来讲，尽管一个孩子可能带有特定的致病基因，但是这些基因是否会被激活是由各种非基因因素决定的。事实上，一位母亲在怀孕期间，甚至是怀孕之前，情绪紧张程度和摄入体内的有益和有害物质都会对子宫产生影响。孩子出生之后，环境因素也在不断地影响孩子的生长。

人们也容易相信某些特性是完全由环境因素造成的。毫无疑问，创伤、被忽视、贫穷、家庭破裂和其他的不良环境因素都可能会影响或者加剧某些特性，但是它们并不是这些特性形成的根源。这就可以解释为什么来自于同样不幸家庭环境的孩子却拥有着完全不同的特性。这也说明了为什么经历了相似创伤的孩子会有天差地别的反应和结果。

事实上，孩子是一个各种特性交织在一起的综合体，这些特性是环境因素和先天因素共同作用的结果。尽管我们可以假装能够预测孩子的未来，但是我们却无法得到明确的解释。我们不能说“因为她的母亲在怀孕期间吸烟，所以她非常叛逆”，或者说“她行为不端完全就是因为她的父母没有能力教导”。“上梁不正下梁歪”也许是事实，但是现在你知道事情并没有这么简单了。

Q：“期望”和“规矩”是一样的吗？

A：它们的含义相似，但是我们更倾向于使用期望。当孩子“不守规矩”的时候，为了强制孩子遵守规则，父母往往会使用强硬的、惩罚性的措施。但是当孩子“无法满足期望”的时候，家长的反应是完全不同的。

Q：有没有什么样的期望是孩子必须要达到的？

A：当然有一些期望是父母非常希望孩子达到的。但是如果孩子的特性和期望不一致，一味地要求她达到期望只会加剧矛盾，会让你无法和孩子建立合作的伙伴关系。

Q：从什么时候开始和孩子形成伙伴关系呢？

A：再次强调，当孩子还是婴儿的时候，父母就开始解决这些矛盾了。你有多了解孩子的意图（尽管她开始不会说话），你有多关注孩子的需求都会影响你的反应。她是不是需要摇晃着才能入睡？她是不是容易被声音惊醒？最佳的喂食时机是什么时候？她需要经常被抱着吗？她特别喜欢睡在你的身旁吗？没错，想成为反应迅速和可靠的父母需要付出大量的时间、精力和努力。当你决定成为一名家长，你也就自动地决定了要把你的孩子放在第一位了。那是你已决定好的事情。头三年的时光确实为孩子以后的发展奠定了基础，所以必要的启发是非常重要的。所谓的启发指的并不是视频的资源而是父母的面部表情、声音、存在、陪伴、参与和关注。父母对咿呀学语、蹒跚学步的孩子付出多大的关注和关爱都不为过。

婴儿期是告知孩子这个世界并不总是可靠的、人也并不总是有责任心的合适时机吗？绝对不是的。她以后有大把的时间去体会世事无常，现在，比起那些残酷的社会现实的教育，她更需要一个可依赖的、反应迅速的靠山。在她能够展翅飞翔之前，她需要坚固的根基。

Q：关于矛盾也可以是件好事，你能再多说一下吗？

A：在爱利克·埃里克森的社会心理发展理论的基础上，著名的心理学家詹姆士·马西亚根据（1）孩子主动探寻各种同一性的程度（2）孩子对特定同一性或者自我概念（技能、信仰、价值观、喜好、人格特质、目标及方向）的认同程度，把孩子们的青少年时期划分成四种状态：

同一性早闭：一个人在童年时期没有经历探寻自己的个性和自我概念的过程就盲目地接受家长或者是监护人灌输给她的个性。尽管她认同了这个个性，可是这个认同不是她自己寻找的结果。举例来说，一个人如果只是根据父母的意愿选择职业或者生活方式的话，一旦她有其他机会认清自己的个性，她很可能会做出完全不同的选择。

同一性延缓：一个人在主动地寻找自己的个性，但是无法对特定的信仰、价值观、喜好和目标有所认同。举例来说，一个人在大学期间可能会在八个不同的专业之间摇摆不定，后来频繁地更换工作。这说明她还在不断地研究自己的个性。

同一性混乱：一个人既没有尝试去探寻她的个性，也没有认同特定的价值观和信仰。因为她不知道自己是谁、她属于哪里、她该去向何方，这类人可能会沮丧或者冷淡。因为比起没有个性，这类人更容易形成负面个性，她很可能会有犯罪、吸毒这样的消极行为。

同一性获得：一个人既经历了个性探寻的过程，又形成了清晰明确的自我概念和个性。她知道自己是谁，了解她自己的信仰，清楚自己的目标和方向。

根据马西亚博士的观点，自我探索过程处于个性探寻的核心地位，那么，是什么促使一个人开始自我探索的呢？通常情况下，是一个危机的解决：比如说一个亲人或朋友的死亡，移居到一个新的城市，就读于一所新学校，被朋友拒绝，被自己选择的学校拒绝，学校的学业吃力，爱情破裂，被捕，失去或不满意自己的工作，或者饱受经济压力。换句话说，挣扎往往会促进一个人的成长。有趣的是，挣扎的核心元素往往就是矛盾。就像戴维·布鲁克斯在他的《品格之路》一书中告诉我们的，每个挣扎都留下痕迹；人经历过挣扎之后会更加强大和深沉。

那么作为父母，为了确保孩子能够成长并形成自己的信仰和价值观，树立目标，认识到自己的优势和不足并且朝着一个方向前进，是不是就应该主动地给孩子创造一些矛盾呢？不是的。没有必要制造矛盾；因为它是不可避免的。那父母是不是有责任为了让孩子的生活更加顺利，就把所有潜在的矛盾都消除了呢？也不是的。把绊脚的石子都搬开会起到相反的作用。在竞争激烈的世界里，父母真的可以受得了让她跌倒吗？在竞争激烈的世界里，她最好是学会如何自己站起来，因为父母不可能总是等在一边伸出援手。

Q：我想我同意现在读到的所有内容，但是我不认为身为父母需要考虑这么多。我不认为我的父母在抚养我的时候会考虑这么多。他们并不完美，但是我还是挺正常的。

A：我们的目标不是成为完美的父母，因为那是不可能的。我们的目标也不是事后评论父母的每一个决定。我们的目标是思考父母在孩子生命中扮演的角色，如何更好地发挥影响力，如何塑造父母们最看重的特性。

Q：现在看起来，社会对于孩子的要求越来越与他们的年龄不相符了。你同意吗？

A：我同意。很明显，我们要向邻居看齐。不仅仅是邻居，我们还要和芬兰人比较（和芬兰人一样），因为最近在学术测试和成就方面，他们的孩子比我们的孩子强。当然了，当我们被期望冲昏头脑，当我们的期望超出了安全的范围，矛盾产生的可能性就增加了。许多孩子似乎是被提上了强化的技能时刻表（尽管是以更加焦虑和紧张为代价），然而也很明显，越来越多的孩子不需要面对这种挑战。

泰勒家

一边是叛逆的女儿，一边是紧张焦虑的妻子，到底该支持谁?

在这一章我们已经说了很多了。在和另外一个家庭见面之前，让我们先来总结一下前面说到的一些关键点:

- 孩子和父母有一个同样的任务，那就是弄清楚她自己是谁，接纳她自己，并追求她自己的生活。同时父母还希望自己的经验、学识和价值观可以对她有一定的影响力。保持这两者之间的平衡是很有挑战性的。
- 父母的影响力是通过父母对子女的期望来体现的。当孩子能够满足这些期望时，和谐统一就达成了；当孩子不能达到这些期望时，矛盾就出现了。解决矛盾的方法对父母与孩子之间的关系和沟通有很重大的影响，决定着父母的影响力是否真的有作用。
- 矛盾也不总是一件坏事，它会加速孩子的成长，而且是不可能避免的。

丹·克辛格一天的工作终于在晚上8点半结束了。他是一家法律公司的合伙人，公司虽小但是业务很繁忙，他今天已经连续工作7个小时了，见了好几位客户，还出庭进行了一次辩护。他和对方律师唇枪舌剑地辩论了大半天，但是做诉讼律师这条路是他自己选择的。就在他要离开办公室的时候，他看到电话上显示有6个未接来电，全部都是来自他的妻子克莉丝汀。他转了转眼珠。“肯定是关于泰勒的事，”他抱怨着，想着他们16岁大的女儿，“我现在还有精力处理泰勒的事情吗？”

丹和他的前妻有两个孩子，他和孩子们的关系很好。尽管泰勒比起前面的两个孩子更加喜怒无常，但是他和泰勒的关系也很不错。但是丹在工作之外与世无争的性格与克莉丝汀希望他在泰勒生活中扮演的角色并不相符。她经常恳求丹支持她在管教女儿方面的努力，因为从一出生泰勒就是个让人棘手的孩子。“我不希望孩子把我们分开在两个阵营，”克莉丝汀多次说，“我们应该站在一边。”这些天来，泰勒与丹的沟通比与克莉丝汀更为融洽。

丹坐进车里准备回家，当他鼓起勇气给妻子打电话的时候还是不由自主地叹了一口气。

“天啊，你和泰勒一样！”克莉丝汀在接到电话的时候惊呼。“你也不接电话！你去哪儿了？”“我从下午1点开始就没有休息过。泰勒还是没有接电话吗？”“是的，还没接。”克莉丝汀说，“我都不知道她现在在哪儿。”

“她可能是在图书馆吧。”丹提出他的猜测。

“她不在图书馆！”克莉丝汀自嘲地说，“只要看到是我在找她，她从来不接电话。她可能在斯科特家。”斯科特是泰勒的朋友。“我敢打赌斯科特的父母肯定不在家。”

“那你给斯科特家打电话了吗？”

“也没有人接。天啊，气死我了！我总是不知道她在哪儿！”

“泰勒有她自己的考虑的。”丹回应，对于克莉丝汀听到这句话后激烈的反应他早有预料。

“丹，她不知道自己应该做什么！所以我要像鹰一样盯着她。”

丹想尝试着说服克莉丝汀，就是因为她像鹰一样盯着泰勒，泰勒才不愿意接她的电话，但是他还是没有明说。他认为这就像是在走钢丝。一边是叛逆的女儿，一边是高度紧张、焦虑的妻子。相比之下，七小时的工作就如同在公园里散步。

“我猜她一会儿就会出现了。”

“你就会说这些吗？她一会儿就出现。”

“我不太确定你想让我说什么。”

“我今晚在新闻上看到一个关于手机软件的报道。如果泰勒再不接我的电话，这种软件可以帮助我把她的电话关机。我现在正在安装。我要教训她一下。”

丹想这次完了。只怕打击得越严重，反抗得越严重。

克莉丝汀寻求的是支持而不是沉默。她强调说：“我们应该站在一个战线上，我们是一边的。你看呢？”

丹想着究竟谁和谁是一边的。“老实说，我现在脑子就是一锅糨糊，都不转圈了，”他回应道，“能等我吃完晚饭再讨论这个问题吗？”

“那你最好赶紧回家，快点吃饭。”克莉丝汀说，“如果孩子回来看到我们商量如何对付她就不好了。”

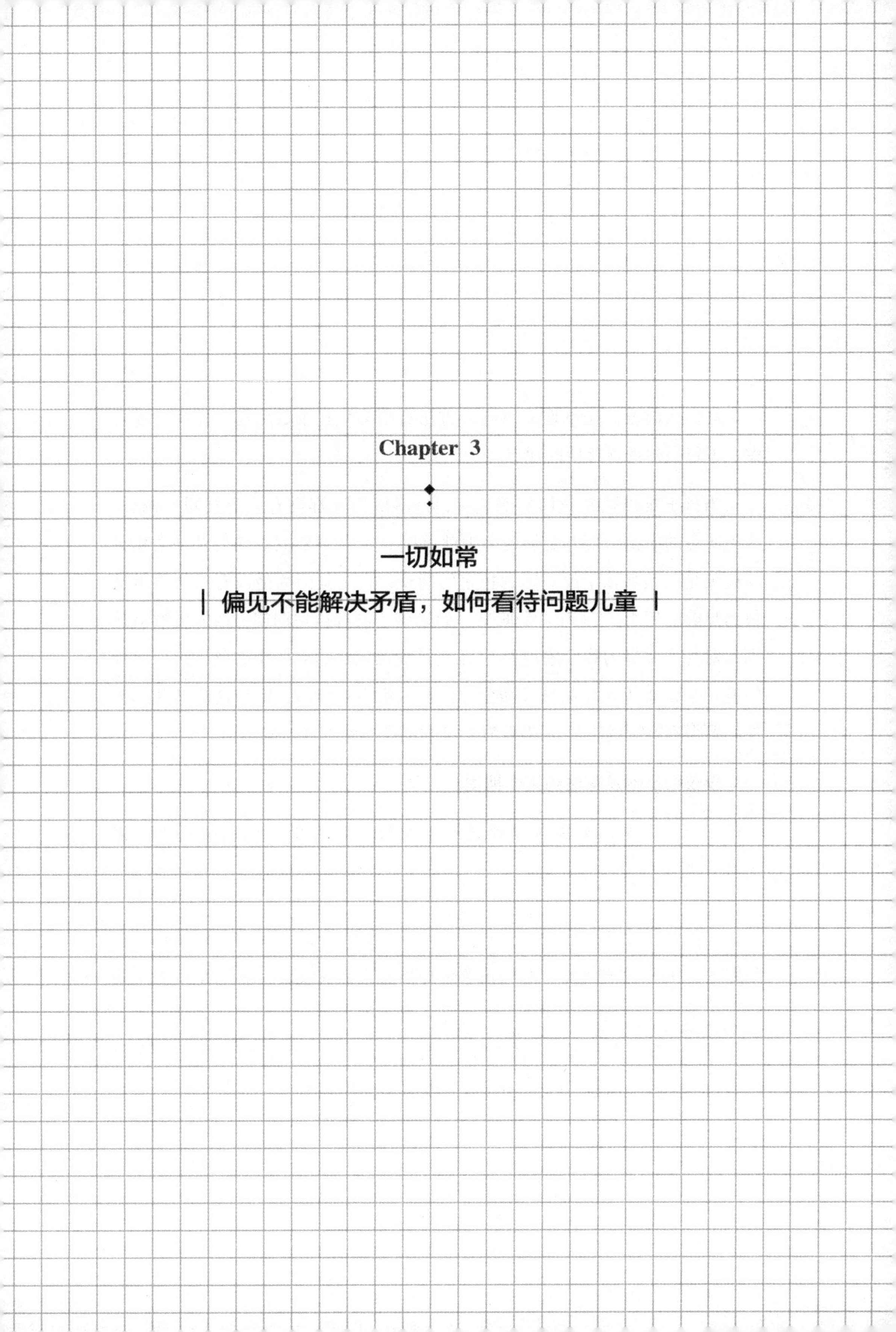

Chapter 3

一切如常

| 偏见不能解决矛盾，如何看待问题儿童 |

如何去改变一个问题儿童呢？方法有很多！在细数之前，让我们先考虑一下每一种选择背后的观点。

当孩子难以达到我们的期望时，许多成年人都会有一个共同的偏见：认为所有的事情只要有足够的努力就可以成功。紧随其后的另外一个相关的偏见是：假如孩子没有达到特定的期望，肯定是因为他没有为这件事情付出足够的努力。还有一个偏见：如果孩子没有达到期望，他的失败会让别人对身为父母的我印象很差。尤其是面对无法达到期望的孩子时，这样的偏见会让成年人在劝诫或勒令方面投入更多的努力，但是这样做并不会使问题得到顺利解决。先来看看劝诫和勒令是什么样子的：

仅仅指出他没有达到某个期望。

家长：山姆，我很担心你这个学期的数学成绩。你真的应该考得更好。

提醒孩子注意父母的期望并确保他意识到自己的不足之处当然是没有问题的。对于这种策略，有的孩子会加倍努力，成绩会得到改善。但是还有许多孩子，单纯的提醒并不能让他完成任务。后果很明显：如果父母总是提醒孩子关注某些特定的期望，时间一长，提醒就没有效果了。唠叨或纠缠也不会解决问题。也许山姆就是没有领会数学成绩好的重要性。

解释他达到期望的重要性

这一策略包括将父母的学识和经验传达给孩子。

家长：山姆，学好数学是很重要的，你现在学的内容是为下学期打基础的。

山姆：我知道了。

他真的知道了吗？假如他已经知道了，反复解释也不会有更好的效果。也许需要对他施加一些压力。

施加压力（坚持要孩子达到父母的期望）

家长：下次的成绩要比这次好。

山姆：我知道了。我尽量吧。数学真的很难。

坚决要求是对不能达到期望的孩子使用的最常见的办法。它可以以各种形式展现，包括“从一数到三”的威胁。有的时候，家长的坚决要求很管用。但是更多的时候是没有什么效果的。事实上，有些时候事与愿违。因为家长毫不松懈的坚持（和倒数）会激起孩子身上的挑战性行为。我们也有可能会错过山姆给我们的提示：数学里有些东西是真的很难理解。我们只是太执着于要达成自己的期望了。也许他只是需要一些鼓励。

给他打气

家长：加油！我知道你肯定能行的！你很聪明！

父母也会喜欢这种热情和乐观的情绪的。有时候这很管用，但是不是总这么管用，因为这些情绪并没有找到导致山姆数学差的原因和解决问题的办法。

把他击倒

家长：天啊，这有点可笑了。我也不知道怎么才能让你的数学成绩变好！我知道你可以的，你之前就做得很好啊。赶紧行动起来吧！

山姆只是偶尔能把数学学好，但是家长把这个作为证据来证明山姆应该总是能把数学学好。可是很明显山姆在学习数学上有困难，我们怎么能够指望他在大多数时候能轻松地学好数学呢。但我们也不能因此放弃努力，也许是时候需要父母出手帮忙了。

为孩子解决问题

家长：好吧，放学之后你留在学校，这样迪·安格罗太太就能帮助你了。

山姆：我已经去找过她了！她帮不了我！

强制采取措施看起来是一个非常合理的办法。当然了，这是最常见的方法。可是由于我们依然没有弄清楚山姆数学不好的原因，这样的情况下，强制的措施就无异于隔靴搔痒了。如果你想彻底有效地解决问题，了解问题的根源是很有帮助的。

假定山姆按照他家长的办法去做了。让我们听听看几个月之后另外一张成绩报告单寄回家之后的对话。

家长：山姆，你的数学成绩还是没有提高。

山姆：我知道，可是我就是学不会。

看起来家长的措施没有效果。这也不是什么世界末日，你很快就会发现这是可以预见的。只有家长一方努力去解决问题，那失败的概率是很高的。那会导致什么结果呢？

第一种结果：奖赏

家长：如果这学期末你的数学成绩能达到B，我们就给你买你一直想要的视频游戏怎么样？那个游戏的名字叫什么来着？

山姆：你说的是《刺客信条》？

家长：你觉得怎么样？

山姆：我一直就想要《刺客信条》！

山姆肯定是想要那个游戏。当然了，我们还是不知道为什么山姆的数学不好。也许物质的刺激能够让孩子的表现有暂时的改善，但是你可能也经历过，这种方法不可能长久地解决问题。

那怎么办呢？好吧，你还有另外一个选择。

第二种结果：惩罚

家长：山姆，我已经受够了！你不想让迪·安格罗太太帮你，于是我亲自帮你。我甚至提出如果你的成绩有提高就给你买视频游戏，可是毫无作用。所以如果这个学期你的数学成绩不能达到B的水平，我就没收你的所有视频游戏。

山姆：那不公平！

惩罚和奖赏一样，只能够暂时地改善孩子的表现，但是不能长久。而且它很有可能会增加父母和孩子之间的冲突。每当孩子没有达到预期目标的时候，许多父母会本能地、自发地使用惩罚措施，就好像他们没有其他的方法可以选择一样。

当然了，前面提到的这些策略都可以用更加强硬的方式表达，比如尖叫、威胁、指责，外加贬低。家长总是被误导，认为施加压力可以更好地传达信息。但是这样做你不仅会失去“风度”，还会加速失去你的孩子。

失去我的孩子，那怎么可能呢？我这么做都是为他好啊！

也许你认为这是为他好，但是真正为他好就应该多一些“倾听”少一些“训斥”。有一点必须要明确指出来，信息已经传达到位了：山姆现在知道了，而且他早就知道父母希望他的数学成绩好一些。那“严厉的爱”怎么样呢？

说自己是属于用“严厉的爱”来教育孩子的家长往往有一个倾向，他们过度强调了“严厉”的部分，而忽视了“爱”这个环节。尽管爱是一个美好的感情，但是它不能解决问题。许多父母一直坚持“爱之深责之切”的原则，他们坚持要求孩子要达到一个既定的目标。他们说自己已经无计可施，他们赋予或剥夺孩子许多特权。他们惩罚孩子甚至打屁股。他们说自己已经不知道还能做些什么了。

这些策略往往是没有效果的，甚至是有反作用的。如果我们错误地认为山姆糟糕的表现是因为他没有把足够的努力投入到数学学习中，那么我们的注意力就会集中在确保让山姆付出更多的努力。但是这样是不行的。事实上，这样的方法会让事情变得更加糟糕。毕竟，数学成绩不好，山姆已经很沮丧。除非是山姆已经彻底放弃数学了，如果真是那样的话他就不用闷闷不乐了，也早就可以不用再努力了。如果没有动力不是问题的关键，那么以上的方法只会火上浇油。而且山姆会一直处在焦虑的状态下，想着自己拿不到说好的奖励或者是将要接受的惩罚。除非山姆已经太习惯这样的过度奖励和过分惩罚，这些措施已经对他没有任何影响了。许多经常被惩罚的孩子就会决心向成年人证明，不管是多严重的惩罚，对他们都是没有效果的。

更重要的是，这些策略证明父母是在使用强权把期望硬压在孩子身上。不幸的是，武力和强权会给年轻人（比如你的孩子）和年长者（比如你自己）带来不良的后果。更糟糕的是，如果孩子有某种性格，如果他仅仅是听从了你的指示，如果他不能完成你强压给他的任务，他就会宣称自己也有某种权利，以示反抗，最终导致我们俗称的以暴制暴。这样的权力角逐的最基本目的就是要决出胜负。换句话说，这是个非赢即输的命题。事实是，在权力角逐中没有赢家；它只是让人感觉暂时占了上风而已。整个局面不管是对你还是对你的孩子（至少还有一些时候赢家是你的孩子）都是毫无意义的。

毫无意义吗?

是的，毫无意义。权力角逐中看似交换的是权力，事实上交换的是专制。权力并不能解决问题，至少不能长久地解决问题。在相互的合作中，交换的不是权力而是信息和协作。

信息吗?

信息是很重要的。假如我们不先入为主地认定山姆学不好数学是因为他缺乏努力和动力，而是把山姆数学成绩差这件事看成是他们班的数学要求与山姆特性之间出现矛盾的证明的话，那么我们就能很清楚地意识到为什么提醒、鼓励、确保、解释、坚持、纠缠、施压、贬低、奖赏、惩罚、责备和尖叫都没有作用了。不管我们使用多少强权，问题都不会得到解决，除非我们了解了山姆数学成绩差的原因。

那协作呢?

协作也非常重要。成年人总是通过改变孩子来解决问题；实际上，以伙伴的身份和孩子一起解决问题才更有效果。

前面提到的策略往往会促使孩子在外围寻找解决问题的关键。父母不希望看到孩子总是找外在的原因，他需要在自己身上找原因。如果父母把自己的价值观强加在孩子身上，结果往往适得其反，孩子也会很反感。如果父母想让自己更有影响力，那么父母需要帮助孩子把你的价值观内化，并最终树立他自己的价值观。帮助孩子找到他们自己的方向，他们的内心诉求，是帮助他们解决问题的好办法。使用惩罚的措施往往会让孩子听不到自己的内心诉求，久而久之，孩子就会把注意力集中在如何对抗惩罚者，或者如何“不让惩罚者逮到自己出问题”上面。

◆ 关键主题：面对问题儿童，你需要积极的立场和明确的思路

现在正是时候提出全书最首要的主题：

如果有能力孩子们会做得很好。

只要孩子有能力，他就会做得好。如果孩子没能达成一个既定的目标，父母的任务是找出问题的根源，这个时候要把缺乏动力放在备选原因列表的最底下一行。最好是从列表中把缺乏动力这一条彻底删除。缺乏动力永远都不是令人满意的解释。假如你自己没有办法找到原因，那么你的工作就是去找一个能够帮助你的人来寻找原因。

接着是一个相关的同样非常重要的主题：

你的孩子也希望自己做好。

社会对于成功的人总是会有奖励。通常情况下，人们都是希望做到最好。认为孩子做不好是因为他就没打算做好的想法是完全不正确的。技能是拉动成功这趟火车的火车头，动机只是火车最后面的那节车厢而已。

还有一个：

好的父母要对自己手里的牌负责任

在孩子成长的每一个阶段，父母都会关注孩子，关注他达成还是没达

成预期的目标，关注他是不是有什么困难，关注让他的特性与自己的智慧、经验和价值观能够达到平衡的最佳方法。别人的孩子能够达到期望是一件很好的事情，但是那和自己的孩子达不到要求没有什么实际的关系。尽管我们都想知道别人手中的牌是什么样子的，但是说到为人父母我们最好还是把注意力集中在孩子和自己的身上。

需要提醒的是："如果有能力孩子们会做得很好"这个主题也适用于你。如果父母有能力也能做得很好。

疑问 & 解惑

Q：作为孩子的家长，我对孩子将来的发展难道没有责任吗？

A：就像你在前面读到的，孩子来到这个世界的时候不是一张白纸，当他出现的时候他就已经是一个人了。那就意味着父母对孩子将来的控制力远比你想象的要小。父母对如何教养孩子有责任，父母对如何真正发挥自己的影响力有责任，父母对如何解决自己和孩子之间的矛盾有责任。

Q：那么"父母强加意愿到孩子身上"的问题解决方式是不是应该完全从家庭教育中剔除出去？

A：根本问题在于这种处理结果是不是你想要的。许诺奖励、收回特权、计时隔离、禁足都是常见的父母强加的处理结果，有时候我把它们称作是非自然的人为的结果。这些结果只能导致两种情况：让孩子知道他没有达到你的期望（你可以直接告诉他，没准他早就知道了），让孩子有达成期望的意愿（如果他有能力就能做好，那么他早就有动力了）。父母需要了解孩子不能达成期望的原因，而那些强加的处理方式并不利于搜集有用的信息。事实上，这些强加的惩罚会让信息收集变得更为困难；因为当他们要担心承受父母的怒火或惩罚时，开口倾诉的意愿就更小了。

需要指出的是，除了父母强加的处理结果之外，还有其他种类的后果。成绩糟糕、感觉尴尬、没有入选心仪的队伍，这些都是自然而然的后果，非常有影响力和说服力，而且无法避免。令人奇怪的是，为什么在明知道这些有影响、有说服力的后果都不能解决问题的情况下，还要强加那些人为的惩罚。孩子需要的并不是这些。

Q：如果不采取这种强压处理方式的话，我觉得信息传达不到孩子那里。

A：如果你想传递的信息是你担心孩子不能达成期望，强调这种担忧并希望把问题解决的话，还有其他的方法可以完成这个任务。你会在下一章的内容里学到其他的方法。

Q：难道不应该立即执行这些决定吗？

A：我们很多人都认为应该立即执行这些处理决定，这样才能明确体现出一个孩子的行为和这些行为带来的后果之间的紧密联系。这样的想法通常会导致两种错误的发生：（1）把注意力全部集中在孩子的行为上，从而忽视了引起这种行为的矛盾根源；（2）冲动的评价和盲目的行动。家长强加的处理方式并不能解决问题，再说了，解决矛盾最好是在冲突出现之前主动化解而不是在冲突出现之后紧急补救。不管是否应该令行禁止，父母强加的处理结果在许多情况下都不是必需的，而且往往会产生反作用。

Q：那就是说，我不应该因为孩子做了一些事情，比如说家务，就给他奖励吗？

A：是的，如果你想让孩子明白做家务事是身为家庭成员很重要的一部分，就不要给他奖励；如果你希望他懂得做好事不一定都会有额外附加的奖励，就不要给他奖励；如果你想弄清楚为什么他做不好家务就不要给他其他的奖励。

Q：我有时候会打孩子，我开始意识到这样的行为比这章内容里面提到的其他干涉方式更为极端。你怎么看？

A：在管教孩子方面，家长们比较认同的一个原则是：在实施影响和提供指导的时候父母选择的方式应该尽量远离有副作用的。越来越多的人开始认同，体罚是副作用最强的一种方式。

一个有名的研究机构对体罚孩子造成的重大伤害做了研究记录。还有其他以研究为基础的、更有效的养育策略比体罚的效果更好，而且没有那么大的伤害。1979 年，瑞典成为世界上第一个立法禁止体罚孩子的国家，在那之后，有 49 个国家都颁布了相似的法律。许多专业团体，包括美国儿科学会和美国儿童与青少年精神病学会在内，都呼吁家长停止使用体罚的方式来教育孩子。

根据联合国儿童基金会（UNICEF）的估计，全世界范围内有十亿儿童仍然在接受体罚。在美国，1 岁以前的儿童有三分之一遭到过体罚，蹒跚学步的孩子中有 80%–90% 被他们的父母打过。这些数据显示，家长并不是唯一经历“可怕的成长阶段”的群体（许多孩子也很痛苦）。打孩子的事情不仅仅发生在我们家里。在美国还有 19 个州的学校存在体罚的现象，每年还有成千上万用戒尺打手心的案例出现。

在西方社会，有些人会从《圣经》中找到体罚孩子的依据。其中最有名、被引用最多的是：（圣经旧约，箴言 13：24）“不忍用杖打儿子的，是恨恶他。疼爱儿子的，随时管教。”（在 1662 年英国诗人塞缪尔・巴特勒把这部分转译成了“不打不成器”。）提到为人父母养育孩子的典故，《圣经》绝对是一个大杂烩，各种不同教育方法都能在其中找到有力的支持。

实际上，有很多的章节说明将心比心的、更具有针对性的教育方式也是不错的选择。让我们从被大家奉作金科玉律的几篇开始：

你们愿意人怎样待你们，你们也要怎样待人。（圣经新约，路加福音 6：31）

要爱人如己。（圣经旧约，利未记 19：18）

你们各人要快快地听，慢慢地说，慢慢地动怒。（圣经新约，雅各书 1：19）

教养孩童，使他走当行的道，就是到老他也不偏离。（圣经旧约，箴言 22：6）

最后一个的意思是，每个孩子都是一个独立的个体，监护人应该找到一个最好、最有效的方式把自己的经验、智慧和价值观传递给孩子。北美的许多教育法规就是在此基础上制定的。这个准则不仅仅适用于教育，还适用于抚养子女。同样的，在学习数学的问题上也应该区别对待，有些孩子比其他人接受快，有些则需要特别的帮助。孩子的气质和性格决定了父母如何施加自身的影响力。

在 18 世纪，立陶宛犹太民族宗教和文化生活中的权威以利亚·本·所罗门曾经这样说过：当一个孩子还小的时候，他的家长能够不顾孩子的想法，把自己的意愿强加在孩子的身上，但是最终当孩子不再惧怕家长的时候（这是早晚的事），孩子会与家长的愿望背道而驰去追逐自己的梦想。

最后，圣经中还有 3 段内容暗示协作是个好办法：

各人不要单顾自己的事，也要顾别人的事。（圣经新约，腓立比书 2：4）

二人若不同心，岂能同行呢？（圣经旧约，阿摩司书 3：3）

若一家自相纷争，那家就站立不住。（圣经新约，马可福音 3：25）

Q：我的父母也对我进行体罚，但是我现在很好啊。

A：你成长得好是一件很幸运的事情。但是体罚不是必需的，它仍然是最有副作用的抚养方式。

Q：你难道不认为让孩子对自己的行为有所担当是很重要的吗？

A：在很多时候，让孩子对自己的行为负责任就是惩罚的潜台词。当孩子没有达到父母的要求的时候，许多家长会下意识地选择惩罚的方式。如果最初的惩罚没有解决问题，家长就会自觉地认为是惩罚的力度还不够。于是，他们会采取更加极端的惩罚措施。时间一长，孩子的努力带来的将不是进步而是更多的痛苦。当一个孩子是以这样的方式“为自己的行为负责任”，那么他就不会进步了。但是，如果一个孩子参与到了解决矛盾的过程中，并且和父母一起把事情做得更好了，那么他会学会为自己的行为负责任，这就有意义得多了。

布兰顿家

打孩子一顿就能解决问题？我和他的想法不一样！

我们再来看一个家庭。

凯拉结束了一整晚在医院做护工助手的工作，在天刚亮的时候打开了她男友托尼的家门。晚上工作白天睡觉不是她最乐意的选择，但是这样能挣更多的钱。和男友托尼同居也不是她的第一选择，背后的原因同样是钱。她和托尼分开住的时候很好，主要是因为一提到教养孩子，托尼就是那种老派的思想。而凯拉13岁的儿子布兰顿就给了托尼大把的机会指出凯拉教养孩子方面的不足。尽管是老派的思想，但是凯拉认为布兰顿能有个男性角色榜样还是很好的，而且托尼和布兰顿一起做了很多事：带他去看棒球赛，和他一起看电视体育转播，教他的小联赛球队打球。但是凯拉还是尽量及时赶回家叫布兰顿起床去上学。因为如果让托尼来叫布兰顿起床，事情很快就会变得很难看。

她在打开布兰顿的房门叫他起床之前深吸了一口气。“布兰顿”，她一边在他耳边低语，一边温柔地拍着他的后背。

“嗯嗯，”闷闷的声音从床上传来。

“布兰顿，亲爱的，赶紧起床吧，还要上学呢。”

“再睡5分钟。”他含糊不清地回应。他经常这么保证。

5分钟之后，凯拉尝试着再次叫醒他。

“布兰顿，5分钟到了。该起床了。我可不希望你迟到。”

“我今天不去学校了。”他一边闷闷地说，一边翻了个身。

“布兰顿，赶紧的，我已经工作一晚上了，别让我操心啊。”

“好吧，你先走吧。”

“布兰顿，我还想去睡觉呢。”

“那你去睡吧，我一会儿就起来。”

“你不起床我就不去睡觉。”凯拉看着卧室的门，希望托尼千万不要出现。

“我迟到也没事的。”布兰顿说，“第一讲是自习课。”

“如果学校也同意你迟到的话，那你就不会每次都因为迟到被留校了。快起床。”

“我需要休息一天。就一天。”

“布兰顿，求你了。我也不愿意上夜班，但是我没有办法。你也没有什么选择。起床。”

布兰顿没有让步。然后，凯拉将学校和托尼分别对布兰顿迟到行为的惩罚和责备做了一番比较，发现两个都不能令人愉快，于是她把布兰顿的被子掀了起来。

意料之中的是，布兰顿的尖叫让托尼很快出现在了他的门口。

“别让他过来。”布兰顿说着晃着脚从床上蹦下来。

“你又让你妈妈操心你起床的问题呢，是吗？”托尼说。

"我起来了。"布兰顿说。

"我们没有问题了。"凯拉说。

"看起来还是有问题。"托尼一边说，一边瞪着布兰顿。

"他这就去洗澡了。"看到布兰顿拖拉着脚走向房门，凯拉放心地说。

当布兰顿经过托尼的时候，托尼扬起手假装要打他的头。

"让他去洗漱！"在意识到她的话完全没有必要说之前，嗔怪的话已经说出口了。

"你从他很小的时候就放纵他，"托尼说，"这就是为什么他根本不听你的。那个孩子只有打他一顿才能听话。"

凯拉开始给布兰顿换床单："他就是早晨起床比较费劲。"

凯拉后悔自己又开始一场没有终点的老生常谈了："打他解决不了问题。"

"你要是让我修理他一个星期，我保证他再也不会早晨起不来床了。"

凯拉决定不再火上浇油了。如果她什么也不说，托尼的怒火会熄灭得快一点。

"看看你，还帮他整理床单，"托尼责备道，"好像他在住旅馆一样。"

凯拉等着托尼的下一句台词，并没有让她失望。

"他在我们家连 5 分钟都活不下来。"

整理完床铺，凯拉去浴室门外问布兰顿："你早饭想吃什么？"

"真像个该死的旅馆。"托尼摇着头厌恶地说。

面对需要解决的问题，

如果有能力孩子会做得很好，孩子也希望做好。

所以，父母在与孩子一起解决问题时，

要有积极的立场和明确的思路。

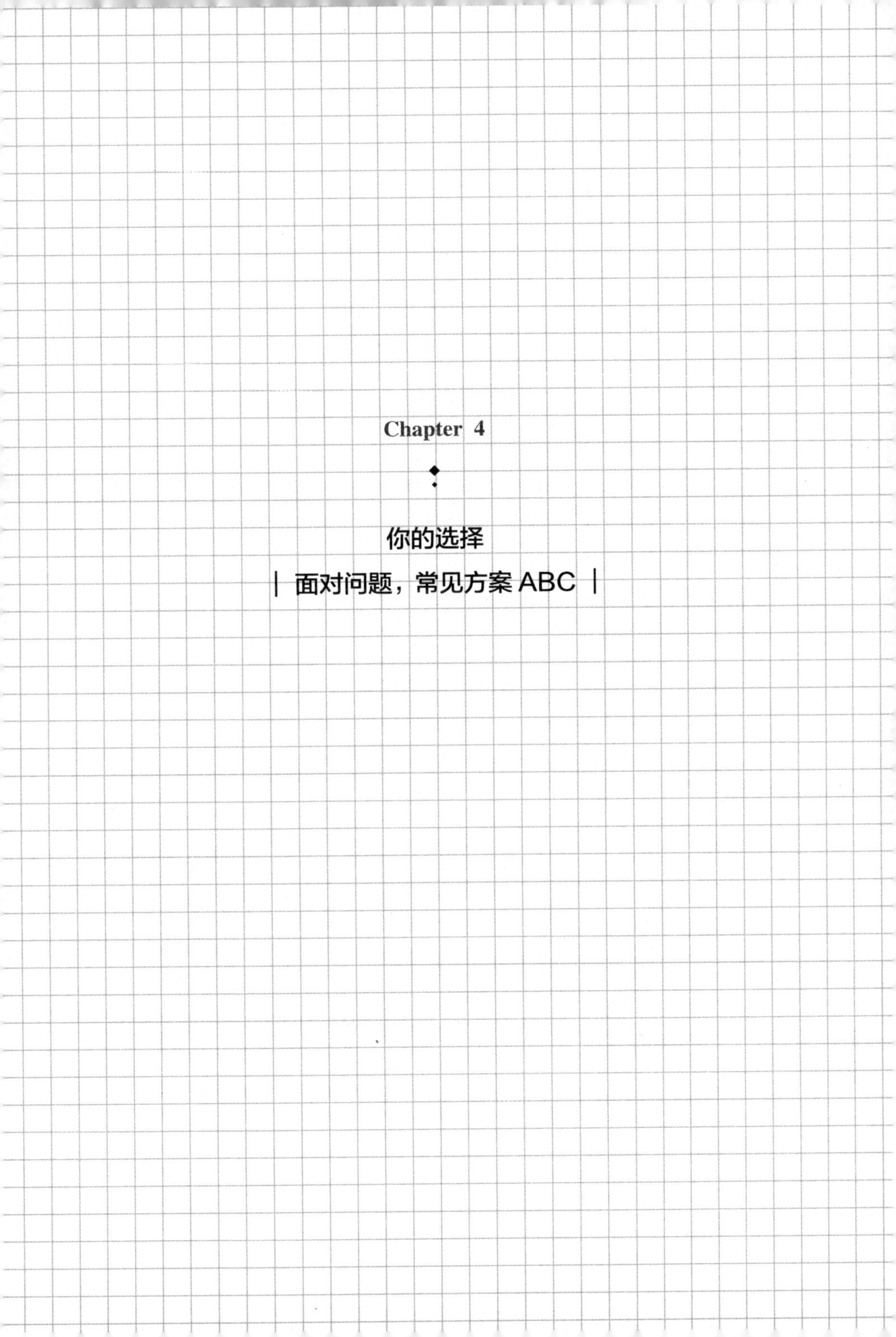

Chapter 4

你的选择

| 面对问题，常见方案 ABC |

现在，我们来用一些更具体的育儿术语来说说你的孩子。当然我希望你在读这本书的时候就已经在思考她的问题了。

当孩子能够轻松地满足你的期望的时候，你可以稍微放松一下。比如，她和兄弟姐妹相处融洽，能够按时完成作业并且成绩还不错；足球教练对她的努力很满意；她爱整洁，讲卫生，有朋友，看起来挺开心，等等。但是矛盾不可避免，你和孩子的“欢乐时光”随时会中断，所以你得睁大眼睛时刻保持警惕。

那么，如何判断矛盾已经出现了呢？很明显，当孩子达不到你的期望的时候，就说明矛盾出现了。你想尽力帮她向你的期望值靠拢，她却可能会对你的规劝或使用的一些劝诫策略做出挑战性的行为（上一章已经谈到这点）。

从现在开始，我们把孩子难以满足的这些期望称为“需要解决的问题”和“尚未解决的问题”。我们的首要目标就是通过列清单来帮我们识别这些问题。这个清单很重要，因为如果你还不清楚孩子到底难以达到你的哪些期望，那么你就无法抓住解决矛盾的关键点。

大多数父母觉得列问题清单很难，反倒是说出孩子们针对“尚未解决的问题”所表现出的行为容易很多。但是，行为并不等同于尚未解决的问题，它们只不过是这些“问题”的副产品或衍生物。为方便理解，我们来看看下面这个尚未解决的问题清单：

难以在放学后独自玩耍；

难以和保姆相处；

难以顺利上学；

难以按时到校；

难以按时起床上学；

难以顺利入睡；

难以独立入睡；

难以自己穿好衣服去上学；

难以收拾妥当去上学；

难以收拾妥当去睡觉；

难以完成家务活（每项家务活都是一个未解决的问题）；

难以完成家庭作业（每项作业都是一个未解决的问题）；

难以和兄弟姐妹一起看电视；

难以和兄弟姐妹分享玩具；

难以在睡前收拾好玩具；

难以保持房间整洁；

难以及时取出洗碗机中的碗碟；

难以在休息日和朋友轮流玩视频游戏；

难以交到朋友并维持友情；

难以顺利参加生日聚会；

难以在汽车里与兄弟姐妹并排坐一起；

难以顺利乘车去超市购物；

难以老实地坐在汽车座椅上或系好安全带；

难以老实地待在超市货架旁；

难以在外面玩耍后乖乖回家；

难以在游乐场里和小朋友玩耍；

难以在宵禁前准时回家；

难以保证自愿吃健康食品；

难以保证充足的睡眠；

难以完成大学本科的申请；

难以对除了看电视、玩游戏之外的其他事情产生兴趣；

难以自觉关掉电视去吃饭；

难以参加足球训练；

难以做到早晨喂狗；

难以做到每周二将垃圾带出房外（每周二是美国清运垃圾的日子）；

难以为大学入学考试做准备。

现在你可能会觉得在这份庞大的问题清单中，一些问题非常常见。是很常见，但是你如何去解决这些常见问题是绝对至关重要的。

请注意我在描述这些问题时的措辞：

- 都是以“难以”开头。
- 都是“需要解决或尚未解决的问题”，而不是孩子们所表现出的挑战性行为。（再次强调家长应该关注的是问题本身，而不是问题引起的挑战性行为。）
- 造成这些问题的原因多样，无章可循。（例如：她不懂得关心别人；她总是故意惹我生气；她为人无趣；她很懒，总是焦虑，总是和兄弟姐妹过不去；等等。）
- 都是具体问题，而不是针对所有家庭所有孩子的普遍问题。（例如，“难以和他人友好相处”是普遍问题，而“总是和自家兄弟抢电视看”就是个别孩子的具体问题了。）

当你向孩子说明这些问题，并以之作为前奏准备解决问题的时候，你就会明白这些措辞是多么重要了。下一章我们将重点介绍解决之道。

即使你的孩子只是偶尔（并不总是）难以达到你的期望，这也算是一个未解决的问题。也就是说，你不能把那些不能总是被百分之百满足的期望从“问题清单”中删去。当然，如果孩子无论如何也无法满足你的某个愿望，这也算是一个未解决的问题。

如果我的孩子有时候做到了我期望中的事，这是不是就表明只要她乐意，她就能满足我这个期望呢？

绝对不能这么认为。这只是说明在某些情况下她能达到你的期望，而也有些情况会令她更难以做到。这些令她为难的情况需要我们去仔细寻找并给孩子以充分理解。

这个清单可能会给一些父母带来前所未有的压力，尤其是当他们发现某些问题真的存在的时候。但是，即使这个清单很长，它也应该会减少你的压力，因为至少你能从清单上找到你和孩子真正要解决的问题所在。其实，和孩子发生冲突却不知缘由才是令人压力倍增的事情。如果你的清单上问题很多，你可能会想怎么还有这么多问题没有解决。可能是由于你解决问题的方式不对，也可能是因为你更关注如何纠正孩子的不恰当行为而不是去解决问题。因为纠正行为并不能真正解决引发这些行为的问题。

顺便说一下——这很重要的——列问题清单的最大优势在于能够为你主动解决问题而不是匆忙面对或被动解决问题创造条件。许多父母，甚至是大多数父母，都是在盛怒之下去解决问题。但是如果想要根治这些问题，盛怒之时或情急时刻绝对不是最佳时间。

一旦你把清单列好，你就要考虑孩子是否有能力去一一满足这些期望。换句话说，这些期望是不是都现实可行？她真的能完成数学作业吗？她真的会把垃圾扔出去吗？当和兄弟姐妹看电视时能不抢遥控器吗？她能安静地吃饭吗？她能准时起床按时到校吗？她能顺利交上朋友并维持友情吗？注意，“你希望她做到”和“她能做到”是两码事。也就是说，你希望她去达到你的期望并不表明她就一定能如你所愿。但是，许多父母并不明白这个道理。

孩子只要有能力，就会表现好，毕竟表现好是我们所期待的。

或许这个说法可以更好地解释这个问题。我们先做一个假设——这个假设会帮助你更好地理解这个问题——你的孩子想要去满足你的期望，但是她遇到了一些阻碍。那你一定要竭尽全力去帮助孩子清除这些障碍。

关键是你怎么找出这些障碍呢？可能你会凭借直觉，但是父母的直觉往往不是我们想象得那么完美、准确。可能老师、心理健康师或医学专家也会如此，但是他们的直觉或专业知识也会出错。心理教育方面的测试有时候倒是能够合理地解释孩子们为什么学习不好、交不到朋友、达不到你的期望值等，但是测试结果有时也会偏离事实。还有一些针对过敏、血糖等的检测能找出影响孩子注意力、精力或情绪等行为的生理因素，正是这些因素使孩子难以达到某些期望。

然而，如果你愿意遵循本书的建议，首先你要明白的是，你的信息来源是你的孩子。

其次，你要分清轻重缓急。也就是说，你得确定首先要解决哪个问题。不要试图一次解决多个问题，因为这只会让你一无所获。如果你打算和孩子一起处理三个以上的问题的话，那接下来你可能要面对更多的问题。而且，如果你能邀请孩子和你一起决定先解决的问题的话，往往会有事半功倍的效果。宜早不宜晚，我们已经为您制定好解决问题的方案了。

◆ 解决方案：单方面解决、共同解决、静观其变

我创建了一个简单的框架，概述了父母和其他照顾者最常用的解决孩子问题的三种方式。长期以来，我一直用这个框架研究有挑战性行为的儿童，但是结果表明，它只适用于问题不是很严重的孩子。正如你之前看到的，具有挑战性行为的儿童其实和没有挑战性行为的儿童没有太大的区别；他们只是处理矛盾时缺乏技巧、反应更偏激，他们身上亟待解决的问题更多罢了。我给这三种方式命名为方案 A、方案 B 和方案 C。

方案 A 是指父母单方面解决问题，方案 B 是指父母和子女共同解决问题，而方案 C 则是指父母调整自我、适应事态的发展，或暂不处理问题，或延迟处理问题，看看孩子能否自己把问题解决了。顺便说一下，如果孩

子做到了你期望中的事，你就不需要采用任何方案，因为这些问题已经解决了。例如，如果孩子按时完成了作业，令你满意，那么你就不需要其他方案的协助了，因为你的期望已经得到了满足。如果孩子可以毫不费力地起床并按时到学校，那么你就不需要其他方案的协助了，因为你的期望已经得到了满足。如果孩子确实给狗狗喂食了，那么你就不需要其他方案的协助了，因为你的期望已经得到了满足。如果孩子如你所愿随时向你汇报她的行踪，那你也不需要其他方案的协助了。但是，如果上述事情孩子都做不到，那就需要用上面提到的方案来帮助你解决这些问题了。

现在让我们来具体研究一下这三种方案。

◆ 方案 A：单方面解决问题

方案 A 是指父母单方面解决问题，这种方法很常见。使用方案 A 的时候，问题怎么解决，你说了算，就是把你的意愿强加到孩子身上。“我决定……”是方案 A 常用的表达。例如：

因为你没有完成数学作业，所以我决定以后完不成作业就不准出去玩。

因为你睡前不愿意刷牙，所以我决定以后晚上不刷牙就不准看电视或打游戏。

因为你早晨不能按时起床，所以我决定告诉足球老师：你太累了，以后不要踢足球了。

因为你玩完玩具后总不归置好，所以我决定以后不准你玩玩具了。

许多人认为，方案A就是处理孩子问题最佳方式的代名词。尽管受到父母的追捧，但这个方案仍然不够理想。原因在于，虽然它可以体现你的人生经验、智慧和价值观，但它却完全忽略了孩子的心声、顾虑、观点、信念、价值观、喜好、个性、处事技巧和目标。似乎你要让她明白：你的观点是唯一真正重要的，而她的观点无足轻重，无需在意。只有你有权利去处理问题、提供解决方案，即使她有解决方案，你仍可置之不理，并且她必须完全服从你的决定。如果你一直这么坚决地传递这样的信息：你不想倾听她的心声，或者不会考虑她的观点或顾虑，你很快就会发现孩子也不再在意你的想法，不再考虑你的顾虑。你的影响力将荡然无存。最终他们将不再愿意和你分享她的顾虑或想法了。这时你也就无法和她交流了。因此，尽管你有要教给孩子的智慧、人生经验、价值信念，方案A始终不是最佳的处理方式。

有一点可以确定，方案A与你试图要和孩子建立的合作伙伴关系大相径庭，它只会使你们的关系更糟糕，尤其当她不愿意执行你的处理意见的时候。事实上，你的“方案A”只会让孩子也想出一个“对策A”来：

父母：如果你宵禁前不能赶回家，我就没收你的手机。

孩子：如果你没收我的手机，我就永远不在宵禁前赶回家。

而且，即使孩子按照你说的去做了，她也没有真正学会如何处理这些影响了她生活的问题。

方案A中，你制定的解决方法不仅仅是单方面的，还是一厢情愿的。因为你并没有找出孩子完不成数学作业、睡前不刷牙或不愿意告诉你她的行踪的真正原因。而且当你的方案无法解决问题时，你只是固执地把你的想法强加给孩子，一味地让他们去满足你的愿望并强制他们接受你的处理决定。

正如第三章提到的所罗门的观点：当孩子小的时候，你可以使用方案A，因为你足够强大，足够权威。但是，你并不是一直强而有力，你也不希望你和孩子的亲密关系或者你的影响力转瞬即逝。虽然权力之争在独裁国家里很常见，但是在倡导和谐互助的地区里却闻所未闻。

现在，一个非常重要的问题摆在我们面前了：为什么那些影响孩子生活的问题总是会引发家庭冲突呢？答案得从我们处理这些问题的方法上找。矛盾不需要通过对抗来解决，解决问题也没必要引发冲突。抚养孩子并非是我们（父母）和他们（孩子）的对抗。

既然如此，那为什么方案A会如此受欢迎呢？或许以下几点可以告诉我们原因：

- 因为孩子无法达到某个期望而担心、焦虑、愤怒
- 如果期望总是得不到满足，担心会对孩子的将来有长远的影响
- 总是拿自家孩子和别人家可以毫不费力地满足父母期望的孩子做比较
- 担心别人怎么看待自家孩子
- 总觉得有必要做决定——并且要当机立断——把孩子拉回正道上来
- 解决问题的方式单一，不容更改

这代表了许多家长的心声，但这并不意味着一定要使用方案A。你还

有其他选择。

首先，很多家长都认为方案A里“我希望你干什么”和“你要这么做”是一码事。这绝对是一个很大的误区。对孩子抱有期望（如睡前刷牙）并告诉孩子是一回事；还是那句话，如果孩子满足了你的期望，你就不需要任何方案了。反之，你就会用方案A里的方法：或一再坚持或威胁或单方面强制孩子服从你的决定（如不刷牙不准看电视等）。父母对孩子有期望，尤其是一些务实的、可实现的期望，是很不错的事情。但是使用方案A去处理未满足的期望，就不是那么美好的事情了。

让我们说得更清楚些。在下面的对话中，父母并没有使用方案A，但是父母表明了对孩子的**期望**，孩子也**满足**了他们的期望。

孩子（9岁）：妈妈，我想打耳洞。

妈妈（说出了期望，但并没有使用方案A）：你长大后再去打耳洞会更好些。

孩子：要多大才可以？

妈妈：我也不确定，13岁？

孩子：好吧。

孩子（17岁）：我能开车去乔治家吗？

爸爸（说出了期望和顾虑，但并没有使用方案A）：还是不要吧。路面太滑，你的驾车经验还不足以应付结冰的路况呢。

孩子：嗯……好吧。那你能开车送我过去吗？

爸爸：没问题。

孩子（17 岁）：今晚我想去参加史蒂维的派对。

家长（说出了期望，但并没有使用方案 A）：嗯……我在想你要在两天之内完成五所大学的申请，你是不是还没完成呢。我想你还是待在家里填写申请吧。

孩子：拜托，我也就出去几个小时而已！

家长：我觉得这样很不妥。你随时可以参加派对，但是你只有两天的时间来申请大学啊。

孩子：好吧，听你的。

……

泰勒家

母女因为应不应该汇报行踪大吵一架，母亲决定对女儿实施禁足令

下面这个例子讲的是我们之前提到过的一个家庭使用方案 A 以及产生的后果。

开门前，丹就知道泰勒已经到家了。因为隔着门，他都听到了争吵。

“你被禁足了，”克莉丝汀大喊道。（说明一下，这是因为泰勒没告知她的行踪，克莉丝汀单方面的处理决定。）

“你要怎样？把我关在房间里吗？”泰勒尖声回应。

丹进屋关门的瞬间，母女两人停止了争吵。接着，他就听到克莉丝汀的声音：“来听听你爸爸的看法吧。”

“好吧。”丹嘟囔着向厨房走去。他已经饿得不行了。泰勒拦住了他，克莉丝汀也跟了过来。

“她装了一个手机软件，想什么时候关我的手机就什么时候关！”泰勒说，“就是嫌我不接她的电话。”（这是妈妈做出了另一个强制性的决定。）

“就这样我还是不知道她去哪儿了！”克莉丝汀没有否认，“我可不想一直这么下去！”

“你为什么就不能相信我呢！”泰勒摊开双手，非常沮丧。

“丹，告诉她我为什么不相信她。”

“二位，让我先把手提箱放下好吗？”丹边说边往厨房那边挪，他看着母女俩说，“你们两个天天这么争吵，还老是让我当和事佬。”

“那就别做和事佬，站到我这边来。”克莉丝汀说。

“凭什么要站你那边？”泰勒反问道，还故意强调了“你”，“你就是个老巫婆。”

“我是老巫婆？老巫婆会开车送她的女儿们学芭蕾？学街舞？老巫婆会让女儿们参加夏令营？老巫婆会给女儿们买爱莉安娜·格兰德（美国新生代女歌手，演员）演唱会的票？就算我是巫婆，那也是该死的葛琳达。”

“葛琳达是什么鬼？”泰勒追问。

“就是《绿野仙踪》里的北方好女巫。”丹边从冰箱里找吃的边解释道。

“管她该死的葛琳达是谁呢！”克莉丝汀喊道，丹看了看她七窍生烟的样子，立刻知道她是真怒了，“问题是她不告诉我她去哪儿，也不接那该死的电话，我一天天都不知道我女儿在哪儿！”

“我为啥不接你的电话？因为你恨不得一天给我打50次电话！”泰勒大叫着。

“为了得到你爸的支持，你这也太夸张了吧？”

“有点吧。”泰勒恼怒地说。

“那你到底去哪儿了？”丹问道。

“我就在布鲁克家里和他一起做物理课题呢。”

“你和布鲁克一起做课题？”克莉丝汀问道，“那我怎么不知道呢？”

“我的事情你不知道的多了！”

“那你为什么不接电话？”

“因为我不想在和布鲁克学习的时候听你啰嗦。我把你的电话屏蔽了。你一打电话就开始啰嗦。这让我很难堪。你老觉得我干什么坏事呢。”

“你没在斯科特家？”

“没有。你这么不相信我，为什么不去问问布鲁克妈妈我到底在哪儿呢？”

在冰箱里没找到想吃的东西，丹开始剥香蕉吃。

“我才不会给布鲁克的妈妈打电话呢！”克莉丝汀有点难过地喊道，“都会知道我这个当妈的竟然大多数时间都不知道女儿在哪儿，真该死！”

“那你为什么总想知道我在哪儿呢？这样子只会让我在哪儿都不自在！好像我做什么都不对似的。”

就像被按了转换开关一样，克莉丝汀突然变得温柔起来：“亲爱的，你做的都对。我就是很担心你。”说着说着她就哭了起来。

“求你别哭了！”泰勒恳求道。她看着爸爸说：“如果她再哭，我就回布鲁克家！”

丹不再吃香蕉了，说道：“你们两个今晚最好不要再说这件事了。”

“那她还关我手机吗？”泰勒问。

“我们以后再说手机的事。”丹说。

“以后她最好不要再关我的手机。”泰勒打断丹的话，气冲冲地回房间了。

如果觉得这个故事很熟悉，那是因为方案 A 确实很受家长们的欢迎。

但我们的目标就是要大大降低你们在处理问题时对方案 A 的依赖。

那么，降低对方案 A 的依赖是不是就意味着要放弃对孩子的所有期望呢？当然不是的。你仍然可以对孩子抱有诸多期望，而且她们也会满足这些期望。但方案 A 绝不是处理孩子们难以满足的期望的最佳方式。

同样，降低对方案 A 的依赖是不是意味着当孩子难以满足某些期望的时候，你只能在一旁干等着奇迹发生呢？也不是的。你能做的远不止这些。养育孩子并不意味着要一直在斗争和妥协中寻求平衡。

那么方案 A 就应该被彻底抛弃吗？不是的，方案 A 在一些情况下，尤其是紧急状况下，还是可以选择的，但是它决不是你应该经常依赖的方法。

◆ 方案 B：共同解决问题

方案 B 是指家长和孩子共同解决问题。友情提示：传统的智慧——包括众多育儿书籍或电视育儿达人——反对你们和孩子一起解决问题。毕竟你们是家长，你们拥有控制权。但是，在这本书里，应该这样理解“控制权”：（1）你要知道，如果孩子难以满足某些期望，他们肯定是遇到了阻碍；（2）你还要知道，如果你一时也找不到孩子遇到的阻碍，你得第一时间去了解孩子，只有他们能给你第一手资料；（3）你得具备和孩子一起解决问题的技能。

方案 B 包括三个执行步骤：将心比心、界定问题所在、邀请。

1. 将心比心是指，耐心倾听并尽量理解孩子对未解决问题的顾虑、立场或观点。

2. 界定问题所在是指，你要主动和孩子交流自己对同一问题的顾虑、立场或观点。

3. 邀请是指，你和孩子通过协商在解决方案上达成一致意见：（a）具有可实施性，即双方确实能按约定行事，（b）确实化解了双方的顾虑。

在接下来的几章里，我们将结合案例进一步阐述这三个步骤。

很多人在第一次听到方案 B 时，都会误认为运用方案 B 的最佳时机是问题出现之时，即孩子已经陷入苦恼的时候。这是应急式的方案 B，并不是运用方案 B 的最佳时机，因为盛怒之下谁也无法理性地思考问题。既然你已经列出了这些尚未解决的问题，那绝大多数问题都是完全能预测的。而且你也确定了处理问题的先后次序了，就没有理由等到问题出现后再去匆忙应对。任何问题都不会毫无预兆地突然出现。当然如果你没有提前做好上述准备的话，你就会觉得很突然了。我们的目标是在问题浮出水面之前积极主动地予以解决，这就是主动式的方案 B。

举例来说，如果孩子不愿给狗狗喂食，那么与孩子进行方案 B 讨论的最佳时机就是在她执行喂狗这个任务之前，而不是当你着急催促她赶紧喂完狗去上学的时候。同样，如果孩子没能按时完成数学作业，讨论的最佳时机则是在她开始写作业之前，而不是发现她没有完成作业的时候。

一些家长发现，和孩子约好协商解决问题的时间，并提前告诉她要解决什么问题，有助于问题的顺利解决。而且，如果每周或每天有固定的协商时间，效果会更好。这样做可以使“解决问题”成为家庭生活必不可少的一部分，否则，就根本不可能有协商解决问题的可能。

方案 B 可以帮你解决很多问题。通过将心比心，你能找到孩子无法满足某个期望的原因，还能了解她的处事技巧、信念、价值观、喜好、人格特质、人生目标及方向，同时也保证了孩子的话语权。界定问题所在可以使孩子受益于你的人生经验、智慧和价值观，这样你的话语权也得到了保证。而邀请，则有助于你和孩子在充分考虑了彼此的顾虑后，还能共同解决影响她的生活的诸多问题。这是双赢的。你将在读第九章的时候发现方案 B 能带给你的好处远不止这些。

我在孩子那边听到最多的抱怨就是："他们根本不听我说。"我在家长那边听到最多的抱怨是："他都不和我说。"但是这样的抱怨在使用方案 B 的时候是几乎听不到的。

◆ 方案 C：静观其变

方案 C 是指，父母调整自我、适应事态的发展，或搁置某个问题不予处理，至少是暂时搁置。也包括延迟干预，看看孩子能否独立地解决问题。

许多父母看到"搁置问题"这一项就武断地认为，方案 C 就等同于"妥协"。不可否认，"妥协"是指当你试图用方案 A 处理问题时，如果孩子不接受你的强制性的决定，你不得不对孩子妥协。但是方案 C 可不代表让步或妥协。

这个想法倒也不错。因为很多人觉得，身为父母，他们做过的最糟糕的事情就是对孩子妥协，所以无论如何他们都不想再继续妥协了。但是，害怕"妥协"只发生在独裁国家里，而你正在努力迈向"和谐社区"，在那里你将关注孩子的心声、顾虑、观点、信仰、价值观、喜好、个性、技能和人生目标（这样你也不必再妥协了）。方案 C 可以帮你面对现实，积极处理问题并改善亲子关系。这一切都是要经过深思熟虑而故意为之的。

你可能会因为以下几种原因而采用方案 C：

你并不很在意愿望是否能实现。

许多父母都会竭尽全力去追求某个愿望，但是当他们难得停下来思考的时候，他们会突然发现，其实自己一点都不在意这个愿望是否能实现。如果真不在意，那就不要管它了。

孩子（11岁）：我再也不想踢足球了。我一点都不喜欢足球，而且我还挺忙的。

家长：是啊，你确实很忙。但我可不愿意看到你放弃，你踢得很好，而且你已经跟着布朗教练学习了很长时间了。

孩子：是的，我知道。但是我更想专心练习曲棍球和橄榄球。我做不到一心多用。

家长（考虑中）：他足球踢得这么好……但是他可能确实想只专注于一两项运动……他最近一直说足球很没意思……

家长（说话）：想法不错。我支持你。那我们现在得想想怎么和布朗教练说这事。

放下了你的经验、智慧和价值观，你开始有意识地尊重孩子的处事技巧、信仰、价值观、喜好、个性特点和人生目标。

你确实很在意某个愿望能否实现，但既然决定暂时放手了，而且也决定要尊重孩子的处事技巧、信念、价值观、喜好、个性特点和人生目标，那就暂时把它放一边吧。（方案C）

孩子（15岁）：妈妈，我想剪个贝克汉姆那样的莫西干发型。

家长：什么？

孩子：我想剪莫西干发型。

家长：但是你现在这个发型就很帅啊。

孩子：那倒是。但是莫西干发型更酷啊，我们足球队里很多人都剪这个发型了。

家长（考虑中）：他留这个发型肯定看起来特别傻。但估计他们球队都剪成这样了……至少没有去穿耳洞……

家长（说话）：好吧。

你已经决定让孩子去独立处理问题了。

你确实很想去解决这个问题，但是孩子已经请求你给她一个机会去自己处理问题。

家长：历史老师给我的邮件里说你好几次考试都退步了。

孩子（16岁）：真不敢相信她竟然给你发邮件了！

家长：嗯，我想她只是想告诉我一声。

孩子：那你给她回信了吗？

家长：还没有。我想先和你谈谈这事。

孩子：很好。

家长：你确实退步了吗？

孩子：稍微有点退步。这学期的课太多了。我一定能赶上去的。但是我不想让你插手，我能处理好的。

家长：好吧。我也觉得没必要插手这件事。那你打算找老师谈谈吗？

孩子：是的，只是还没去找她。

家长：好，随时与我沟通。但我应该给她回封邮件告诉她我们已经谈过了，而且你会处理好的。

有些愿望是孩子目前还无法实现的。

你确实很想帮孩子去实现你的某个愿望，但你也知道她目前确实做不到，你一厢情愿的努力只会付诸东流。所以，至少是现在不要去管它了（方案 C）。

家长：吉米邀你去他家过夜。想去吗？

孩子（8 岁）：不，我不想去。我还没有在他家过过夜呢。

家长：我知道。但我们要不要试一次呢？

孩子：我觉得在他们家睡觉太可怕了。万一出什么事该怎么办啊？

家长：哦，你是在担心你可能会尿床吧？

孩子：是的。

家长（考虑中）：尿床确实会令人很难堪……而且我也不确定吉米的父母能不能处理好这事。

家长（说话）：嗯，明白了。那我告诉他妈妈你很乐意去他们家玩，但不会在那儿过夜。好吗？

孩子：太好啦！请不要跟她说尿床这件事，好吗？

家长：好的。

你有其他更亟待要满足的愿望。

如果你觉得孩子能满足某个愿望，但是你还有更亟待要满足的愿望，那就先挑重要的去做吧，至少是现在先放弃之前那个期望（方案C）。记住，千万不要去同时解决很多问题，因为你可能会一无所获。

家长：艾莉西亚，你知道我们要解决多少问题吗？我们得决定开车的时候你们姐妹俩谁坐在副驾驶座上……说服你晚上不要玩手机玩到半夜，这会使你严重睡眠不足的……还得保证你和你兄弟一起看电视的时候互相忍让。现在要处理这么多问题，所以晚点再跟你谈你不愿意和我们一起吃晚饭的问题。

艾莉西亚：也就是说，我不用非得和你们一起吃晚饭喽？

家长：现在不用……我是说，在其他问题处理完之前，不用和我们一起吃饭。

一些家长不太擅长延后解决某些问题，因为他们总认为每一个问题都是最重要的。当然这是不可能的。**如果这些问题都同等重要，那“重要性”还从何谈起？**

……

汉克家

尼克还是不会写作文，我一个词一个词地慢慢来，可是总觉得哪里不对了

让我们来看看使用方案 C 的另一个案例。

丹尼斯在整理地下室的时候，偶然发现了一个装有孩子们小时候的纪念品的盒子。盒子里装满了孩子们的旧 T 恤、小玩具，甚至还有过去的成绩单。她看着尼克的成绩单，不禁回想起了他还上学的日子。那时候她第一次发现，学习对于尼克来说并不是一件容易的事。尤其是有一天晚上发生的事令她记忆犹新。当时她妈妈正好来做客：

当时尼克读二年级，他正坐在餐桌上写作文。

琢磨了一个多小时后，他说："我不知道怎么写！"

丹尼斯清楚地记得，那时候她觉得学会坚持和努力对尼克来说是非常重要的。所以她说："你要坚持，小家伙，你肯定能行的。"

"可我不知道要写什么！"尼克抱怨着。

"好吧，我可以告诉你写什么。但那就是我写的作文了，不是你写的了。"丹尼斯回答。

尼克突然哭了起来："可我一个词也想不出来！"

丹尼斯看了看作文的要求。"你要分两段来写你觉得最有趣的事情。加油，宝贝儿，你一定能写出来。想想你喜欢做哪些事情。你喜欢做的事情有很多的。”

“可我一个词也想不出来！”尼克又大声地说了一遍。

这不是尼克第一次这么说了，但却是丹尼斯第一次反复思考这些话。她看着尼克面前依然一片空白的作业纸问道：“你是说，你不知道用什么词写？”

“我一个词也想不出来。”尼克回答。

“那你想好写什么话题了吗？”丹尼斯问。

“drawing（画画）。”尼克回答。

“好，就写 drawing（画画）。那你为什么喜欢画画呢？”

“drawing（画画）很好玩……而且没有人会对着你喊叫让你好好学习。”

“嗯，就写这个。”

“我不知道怎么开头。我也不知道 drawing（画画）怎么拼写。”

“drawing（画画）就是 d-r-a-w-i-n-g。你说你不知道怎么开头吗？”

“我想让你帮我开个头。”尼克说。

“你是说开头第一句话吗？”丹尼斯略显为难。

“是的！”尼克说。妈妈终于明白他的意思了，他感到很轻松。

“这样写好不好，‘我最喜欢的事情是画画’。”丹尼斯建议。

这句话惹恼了尼克：“那我接下来该怎么写啊？”

“你就写为什么喜欢画画啊。”

“我想知道这句话该怎么表达。”尼克恳求。

“嗯……‘我喜欢画画的原因有以下几点’。”

尼克很快地写下了这句话。

丹尼斯的妈妈在洗碗池边目睹了这一切。终于忍不住了：“你打算就这么一句一句地替他写完吗？”

“他已经纠结了一个多小时了，我觉得再这么下去也不是个事。在那干坐着也无济于事。”

“你打算陪着他上大学吗？什么都替他写了？”外祖母追问道。

“他这不还没上大学嘛，他才读二年级。而且又不是说他‘不想写’，而是他‘不会写’。”

“不会写？他当然能写出来！”

“每次写作文的时候我们都是这么做的，”丹尼斯若有所思，“我也开始觉得哪儿不对劲了。”

“如果有什么不对劲的地方，你不觉得学校的老师应该早就发现了吗？”

“我怎么知道！明天我给他们老师打电话问问吧。她肯定不知道我们每晚得花多长时间写作业。”

丹尼斯忽然注意到，尼克自己又写出几句话来了：“你自己会写吗，小伙子？”

“会写。我只是不知道怎么开头而已。”

在案例里，丹尼斯打算永久性放弃“让尼克自己写作文”这个愿望吗？当然不是。那她打算什么时候重拾这个愿望呢？待她认为这个愿望更实际、更有可行性的时候。

再问一次，当你真的很在意某个未解决的问题，并且这个问题很现实、很紧迫，但你的孩子又解决不了这个问题时，你该怎么办？答案就是，采用方案 B 和孩子一起解决。你现在知道方案 B 的三个步骤了，这还不够，在接下来的一章里，你将会有更详细的了解。

疑问 & 解惑

Q：如果我下定决心要去解决问题了，我该怎么做？使用方案 A 吗？

A：你下定决心去解决问题并不意味着方案 A 就是最好的选择。“你的果断 + 方案 B”能帮助你更好地解决问题。

Q：但是作为父母，我的角色难道不应该是决策的提供者吗？

A：除非你把决策的含义限定在强制推行解决方案上。如果你的决策能帮你意识到还有问题尚未解决，那么它对你就是有帮助的。

Q：为什么不能先用方案 A，等方案 A 行不通了再换方案 B？

A：这个问题表明你更倾向于使用方案 A，而且你的第一反应也是使用方案 A。但其实方案 B 才应该是你第一选择要使用的方案。

Q：就是说，方案 B 不会影响我的权威形象？

A：一点也不影响。而且你还同时收获了一个伙伴呢。

Q：我朋友总说我是事无巨细、劳心分神、随叫随到的“直升机父母”，对孩子也是“零管理”。我只是想为孩子扫清一切障碍。难道这不对吗？

A：想为孩子扫清一切障碍，这很好。而且你能参与到孩子的日常生活中，这很难得。但是你不能一辈子都陪着他们，对你来说，当务之急应该是为他们创造条件去独立解决问题，让他们学着不依赖你。当然，独立思考对他们来说也是很重要的，毕竟你不是他们，他们也不是你。

Q：我完全放手不管，这样不好吗？

A：如果孩子能够自如应对生活里的各种困难，你就可以放手不管了。但是，当他们遇到很棘手的问题时，就需要你充分发挥父母的作用替孩子去解决问题了。

Q：孩子对父母有一点畏惧难道不好吗？

A：因为畏惧，大多数孩子一开始的时候都很循规蹈矩。但是慢慢地他们就不再害怕了。一旦这种畏惧消失了——迟早会消失的——他们就慌神了，因为他们从来没有独立思考的机会，也不知道自己的喜好、价值观、甚至信仰。一直是畏惧引导着他们的行为。再强调一次，你是希望他们能够依靠自己来找到生活的方向的。

Q：是不是只有父母对孩子的期望会引发矛盾呢？孩子会不会有时候也满足不了自己的期望呢？

A：至少在孩子小的时候，父母是提出期望的一方。但是，孩子肯定对自己也是有期望的，比如，他们想交什么样的朋友，考试希望考多少分等。如果他们没有实现这些愿望，肯定也会出现问题和矛盾。

布兰顿家

历史考试不及格，而且还不愿意让我的男朋友帮他复习功课，到底是为什么呢？

布兰顿还没放学，凯拉正在帮他把洗好的衣服放进衣柜里。在一件T恤衫里，她发现了一张折叠的纸，是学校寄来的期末成绩单。她知道期末成绩快出来了，但没想到学校已经把成绩单寄回来了。她顿时明白了，布兰顿在有意隐藏成绩单。他的历史成绩明显下滑了，当然，别的成绩也不理想。凯拉坐在布兰顿的床上开始读历史老师写的评语：

布兰顿在这学期的两次大型考试中表现得都很糟糕，平均成绩只有47分。他也不积极参与课堂讨论。布兰顿应该更刻苦勤奋，课前认真预习要讨论的资料。希望下学期他能努力学习，取得进步。

“天啊！”凯拉感到很震惊，忍不住喊了一声。布兰顿从来没有不及格过，而且他一直很勤奋。想到这里，凯拉开始生气了：“他竟然把成绩单藏起来了！难道我会永远不知道他历史不及格吗？太难以置信了！”她把成绩单叠好，放进了自己的口袋里。一边等着布兰顿放学，一边想着到底是什么更让她生气，不及格还是藏成绩单？她还在想着怎么惩罚布兰顿。

15分钟以后，布兰顿回来了。他感到有点不对劲儿，于是问道：“怎么了，妈妈？”

凯拉把成绩单拿出来，问：“这是什么？”

“被你发现了。”

“是你藏的？”

“我还没来得及给你看呢。”

“你打算什么时候让我看？等历史考试再不及格了？”

“不是……”

“那是什么时候？”

“我不知道……”

“好，那么我现在看到了。”

布兰顿一声不吭。

“你打算告诉我为什么考试不及格吗？”她问道。

“不知道。”

“那是要告诉我为什么不跟我说你考试不及格？”

“我不想让你生气。”

“我已经生气了。”

“我不想让托尼知道。”

凯拉停顿了一下：“他帮你复习功课了吗？”

“我不需要他帮我。”

“你历史考试已经不及格了，你还不想让他帮你？”

“他总是对我大吼大叫。一点用也没有。”

“那你为什么不告诉我？”

布兰顿耸了耸肩膀。

“说你为什么不告诉我？”

“告诉你什么？”

“托尼没有帮你复习功课。”

布兰顿又耸了下肩膀。

“你难道觉得不应该告诉我吗？”

“我不想挨打。”

“好吧，我没办法帮你复习功课。你写作业的时候我总是在上班。”

“我知道。”

俩人你盯着我，我盯着你。

“那我能回房间了吗？”布兰顿问。

“成绩单怎么办？”

“我不知道。”

上夜班的时候，凯拉满脑子都是布兰顿的成绩单。

“你今晚很安静啊。”另一个助理护士谢丽尔问道。她们正在护士站坐着。

“我脑子里太乱了。”

“你在担心比森先生吗？”谢丽尔问道，她是说那个刚从重症加护病房搬到她们楼层的病人，“如果你有事，我可以照顾他。”

“不不，我能照顾比森先生。我没有担心他。”

“哦，那我就不追问你的隐私了。”谢丽尔转过身来看电脑。

“我儿子遇到了些麻烦。可我什么忙也帮不上，因为我要上班。”

“他遇到什么麻烦了？”

“他历史考试不及格，而且还把成绩单藏了起来。”

谢丽尔表示理解地看着她，但这并没有让凯拉好受些，“啊，把成绩单藏了。我孩子也藏过几次成绩单呢。”

凯拉突然想起谢丽尔的孩子比布兰顿稍大点：“是吗？”

“当然。哪个孩子没藏过成绩单啊？”

“我孩子从来没有藏过，”凯拉说，“我是说今天以前。”

“你问过他原因吗？”

“问了，但我觉得更像是审问。”

谢丽尔笑了起来：“看得出来你很沮丧。”

“老天，我当然很沮丧。我希望他比我优秀。我搬去我男朋友那儿，就是为了布兰顿能上一所好学校。可现在他不光考试不及格，他还把成绩单给藏了起来。”

“嗯……那他说为什么不及格了吗？”

“他什么也没说。但好像我也没给他机会说。”

“哦，那就是你说的审问吧。”谢丽尔笑着说。

“他就说他不想让我男朋友帮他复习功课。好像说我男朋友总是对着他大喊大叫的。”

“确实不是理想的学习状态。”谢丽尔总结。

“是啊，但我们也没别的办法啊，”凯拉说，“我在这儿上夜班的时候正是他写作业的时候，所以我也不知道怎么办。”

“布兰顿说过怎么办吗？”

“他一个孩子怎么知道啊？我才是家长。”

“是啊，但这不表示你是万能的，或者你能读懂他们的心思。我花了很长时间才学会怎么和孩子相处，那就是，不要试图大包大揽。有时候，他们自己能找到更好的解决问题的办法。”

“我不是很明白你的意思。”

“你只知道，布兰顿历史考试不及格和他不愿意你男朋友帮他复习功课。但你不知道他为什么不及格。那你怎么帮他解决呢？”

“你是说，我不知道他为什么不及格吗？他的老师说了，他学习不够努力。”

谢丽尔又笑了：“老师总是那么说。你应该去问问布兰顿。”

“我本打算给他禁足了，直到历史成绩上来了再让他出门。”

“你觉得无论什么原因导致他不及格，禁足都管用吗？”

凯拉想了想：“那他得知道必须要把成绩提上来啊。”

“我肯定，他也很想把成绩提上来。”

凯拉又想了一会：“但是你觉得，他需要我帮忙吗？”

“可能吧。但是我不太确定你的帮助是否有用。”

这时候，1212房间的病人按了呼叫按钮。“是科恩夫人，你的病人。”谢丽尔说，“需要我替你去吗？”

“不用了，我去吧，”凯拉说，“她的问题更容易解决。正好我也借此机会想想别的事。”

一遇到问题，人们自然而然地会使用方案A去处理。但是，既然未解决的问题都是可以预见的——毕竟你已经列出问题清单，并且确定了处理问题的轻重缓急——那你就可以主动地去解决问题，而不至于总是被问题牵着鼻子走。其次，如果你和孩子已经建立了合作关系，你就没必要大包大揽；你们可以一起去处理问题。第三，如果你没有从合作者（你的孩子）那里获取有用信息，那你清单上列的“尚未解决的问题”很有可能永远也解决不了。

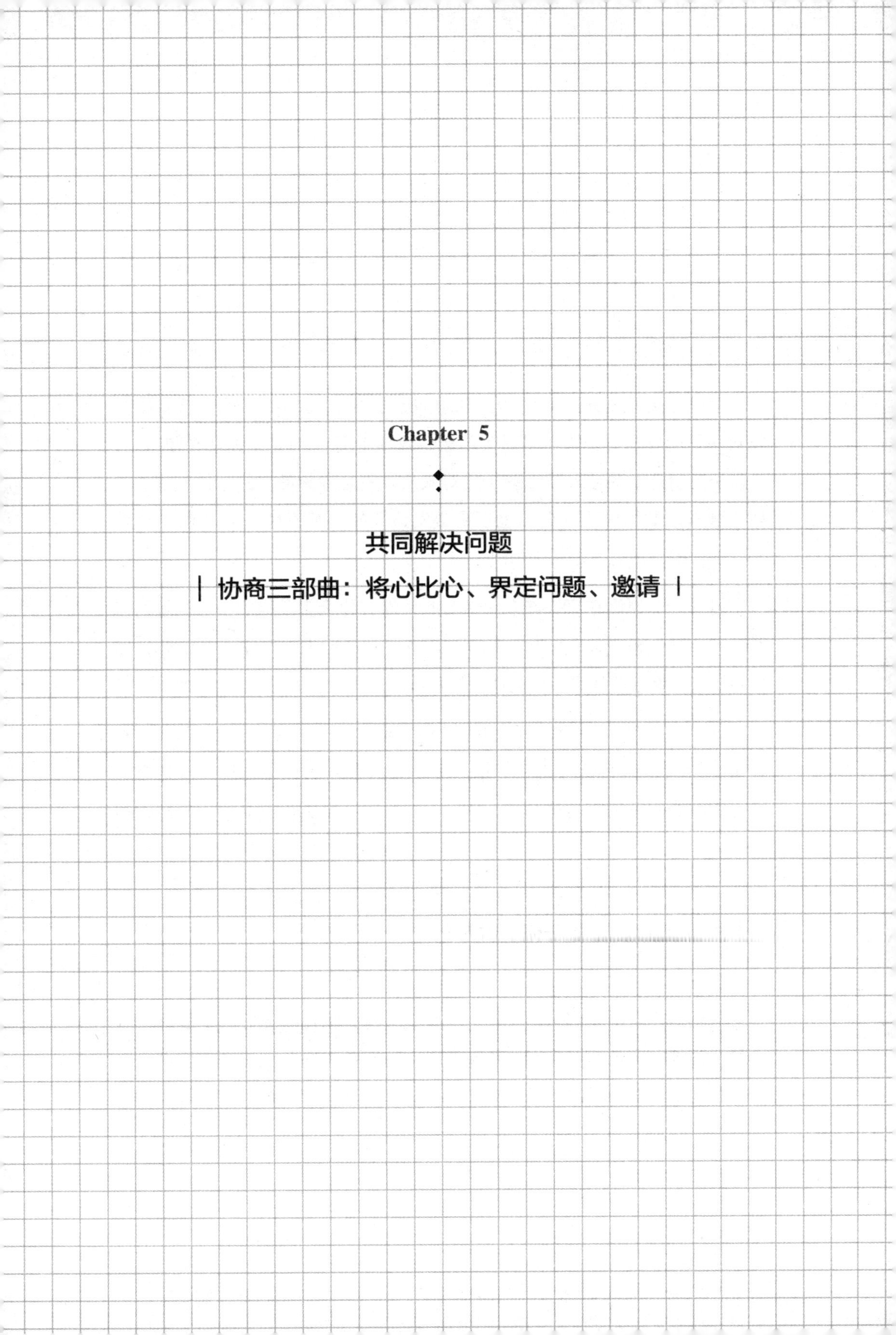

Chapter 5

共同解决问题

| 协商三部曲：将心比心、界定问题、邀请 |

为什么父母很难做到和孩子协商解决问题呢？首要原因是，你觉得坚持对孩子的要求看似更容易解决问题，效率更高。但是，你现在知道了，一味坚持自己的想法和要求孩子绝对服从都不是理想的方式，你无法如你所愿和孩子共同解决问题，也不能激发孩子的乐观天性。最终的结果就是：孩子再也不愿意服从你的决定。

另外一个原因在于，许多父母对此并没有什么实践经验，毕竟他们都是在“专制”和“命令”下长大的。因此，让我们来告诉你一些经验。你的孩子也需要这些经验，毕竟你们是合作伙伴。

上一章介绍了协商解决问题的三个步骤：将心比心，界定问题所在和邀请。让我们来具体分析一下每一个步骤。顺便说一下，这一章是全书中介绍解决问题的技巧最多的一章；也是你可能会觉得有必要反复翻阅的一章。

◆ 将心比心：善于倾听并理解孩子的心声

这就是你之前看到的将心比心：在这一步，父母要充分去了解孩子对于某个他难以满足的期望抱有的顾虑、立场或者观点。父母还需明白，你要尽可能积极主动地去完成上述任务。

和成年人一样，孩子也有各种合情合理的焦虑：饥饿、疲惫、恐惧、想买东西，或想做某事，以及规避风险、不适、挑战的倾向。在将心比心这一步骤里，父母的任务就是告诉孩子，你很在意他们的这些顾虑。

将心比心不是让你说教，当然，在这三个步骤里，你都不能说教。你也不能随意评判孩子。对于孩子的顾虑，你也要避免说大部分家长都会说的话。因此，当孩子说“我床底下好像有怪物”，你不能说“嘿，勇敢点，床底下没有怪物”；孩子说“衬衫上的标签让我很难受”，你不能说“所有衬衫上都有标签，慢慢你就习惯了”；当然，“你要像个男子汉”也不是“校车上的孩子都很刻薄”的理想回应。当你说这些话的时候，说明你对孩子的顾虑或置之不理或不管不顾。

一些家长从不认为倾听并理解孩子的顾虑、观点和态度是一件重要的事情。这就导致许多甚至是绝大多数孩子对家长的置之不理习以为常了。毕竟，我们这些当父母的都觉得自己早就知道孩子问题的根源所在了，所以我们也不会费力去找这些原因。我们总是急于表达自己的顾虑，往往忽略或漠视孩子的想法。而且，我们已经制定了绝佳的解决方案（当我们已经决定了解决方案时，我们就不需要再进一步去探讨、协商了）。

然而糟糕的是，我们那些对孩子顾虑的猜测往往都是大错特错的，这就导致我们自认为绝佳的方案并没有想象中那么有效。更糟的是，习惯于被忽视的孩子也会越来越不愿意倾听父母或其他监护人的顾虑了。正如你看到的，如果一直无视孩子的顾虑，或者不给他们机会去说清楚他们的顾虑，最终只会导致孩子再也不愿意和父母交流。那么，父母就失去了一个合作伙伴。问题得不到解决，父母的影响力也无从谈起。

不过，好消息是，你还可以表达你的顾虑（在界定问题所在时）并消除这些顾虑（在邀请这一步），你还有机会提供一些可能的解决方案（也是在邀请这一步）。更好的消息是，通过询问、了解并设身处地地考虑孩子的顾虑，绝对不会损害你的权威形象。因此，轻松一点了吗？你没必要学会读心术去揣测孩子的想法或顾虑。但是，你要学会如何巧妙地从孩子身上获取有用的信息。

那如何做到“巧妙”呢？当你采用方案 B 的积极模式时，从孩子那里了解情况之前，要先说明你准备解决的问题。可以以“我发现……”开头，以“怎么回事呢？”结尾，中间加上准备要谈的问题。如果你一直按照第四章介绍的列问题清单的方法去做，那“提前说明问题”就更容易了。下面是几个例子：

“我发现最近你上学前不吃早饭。怎么回事呢？”

“我发现最近你总是和妹妹闹别扭。怎么回事呢？”

“我发现早晨你总是忘记喂狗。怎么回事呢？”

“我发现最近你不太愿意坐校车了。怎么回事呢？”

“我发现晚上你不能顺利完成数学作业。怎么回事呢？”

“我发现你不愿意接我的电话。怎么回事呢？”

“我发现你不愿意告诉我们你和谁在一起或者你在哪儿。怎么回事呢？”

“我发现你最近不能按时起床上学。怎么回事呢？”

请注意，和“问题清单”的问题表述一样，这种问题引入的方法不会引发孩子的挑战性行为（如尖叫、诅咒、置若罔闻等），也不代表家长理所当然的推断（如“就因为你讨厌我所以才……”），相反，这些都是孩子的个性问题，而不是共性问题。这样，孩子就不会误认为自己惹上了麻烦而急于为自己争辩，反而更乐意去回应你的问题。因为，将心比心的主要目的是，通过收集信息来了解孩子对某个问题的顾虑或态度，所以家长肯定非常希望能听到孩子的回应。如果他不回应，父母就无从得知他的顾虑，当然也解决不了任何问题。

需要声明一下，将心比心中引入问题还比较容易做到，更难的还在后面。你问完“怎么回事呢”，可能会有五种回应等着你：

第一种回应：他随便敷衍几句。

第二种回应：他什么也不说，或只说“不知道”。

第三种回应：他说：“没事。”

第四种回应：他说：“我现在不想说这个。”

第五种回应：他充满敌意地说“我没必要和你说”。（或更敌对的话。）

我们来详细分析一下这五种情况。

第一种回应：他随便敷衍几句。

如果孩子能马上回应你的问题，那就太好了。你要做的就是“让他说”，因为一开始他还无法准确地表达出他的顾虑、立场或想法。你要去找寻更多的信息。这个过程我称之为“信息挖掘”，由于对话刚开始他们还不确定要说什么，所以对于大多数人来说，这个过程会很煎熬。采用方案 B 的计划会因此搁浅，父母也因此放弃了方案 B 这艘航船。幸好，还有一些策略可以帮助你重拾方案 B，继续进行信息挖掘。

首先，注意是信息“挖掘”而不是“盘问”。“挖掘”的主要目的是“弄清楚”，而“盘问”则是威胁，或是表明你早知道孩子不会如实相告。

你的目的是，证明给孩子看，你知道他的话是真的，没有敷衍你；你确实很好奇……你确实想了解他们。

其次，“挖掘”不等同于“交谈”。有些父母经常和孩子交谈，可能大多数情况下是唠叨，但总不能明确地了解孩子对某个具体问题的顾虑或看法。“挖掘”远远不是简单的“交谈”。

第三，“挖掘”要通过倾听实现，而不是说教或漠视（不重视孩子的顾虑）。

下面的几个“挖掘”策略可以有效地帮助你，让孩子知道你在倾听、理解并重视他的话，因此他愿意继续往下说：

策略 1——印证式倾听：是指无论孩子说什么，你都要印证或重复他的话。例如，你问他为什么总和妹妹闹别扭，他的回答是：“因为我不喜欢她。”那你应该这样回应：“哦，你不喜欢她啊。”接着你要进一步询问，可以说：“为什么？”或“我不是很明白你的话”或“我听糊涂了”或“你能说清楚些吗？”或“你的意思是？”太啰嗦了是吧？三十五年前我刚接触心理学时也是这么想的，当时我正在接受电话热线危机顾问的培训，我最早学会的方法就是“印证式倾听”，一直到现在我都在使用这个方法。我很快就发现“印证式倾听”是表明你在倾听并已理解的最佳方式，可以确实有效地鼓励孩子继续说下去，这样你就能获得更多信息。这是你需要掌握的交际策略。如果你正处于将心比心这一步，并且不知道怎么给予回应，“印证式倾听”绝对是最佳选择。

策略 2——询问式倾听（有关人物、时间、地点、事件经过的问题）：这些问题表明你确实在听，并想了解更多信息。例如：“校车上谁和你发生摩擦了？”、“什么事情耽搁你接电话了？”或“什么时候或在哪儿妹妹惹你生气了？”请牢记，“挖掘”是为了了解更多信息，而这些问题恰好就能帮你这个忙。请注意，还有一个问题你不能经常问，那就是问“为什么”。一般来说，这是父母经常使用的一种“引诱式”提问。很久之前当——我还只是偶尔问孩子“为什么”的时候——我问过一个四岁的女孩“为什么在家总是调皮捣蛋”，她回答：“我这样是为了引起爸爸妈妈的注意。”我倒是一直在用其他问题。

但是，我们往往是在孩子还没回答完第一个问题，就已经准备好提问下一个问题了。或者，我们已经想好了解决方案，并急于告诉孩子（或强加到孩子身上）。当你没有认真听，或不打算了解孩子的时候，这倒是一个上佳的交流方式。

策略 3——情景语境变异式提问（分情况处理问题）：有时候你会认为，孩子能够满足你的某种期望，因为之前她做到过。因此，你就下结论说，只要孩子愿意，他就能满足你的期望，反之，他就满足不了你的期望。但是，这不能一概而论，要具体问题具体分析，不能简单认为：“我知道的，只要他想做数学作业他就能做完，昨天他就做完了。”你最好还是多听听孩子对此的解释。请记住，“挖掘”不是妄加揣测，而是通过“提问－回答”来获取有效信息，例如：“那么，你能解释下，为什么昨天能完成数学作业，今天就完不成吗？”“说说看为什么有时候你能顺利早起入学，但有时候怎么就起不来了呢。”

策略 4——询问孩子的看法：这也是了解孩子对“待要解决的问题”的顾虑或看法的有效方式之一。你可以这么问：“当你坐在书桌前准备写作业的时候，你正想什么呢？”注意，我们不是在问他的“感受”。当然，并不是说问感受就不对，只是这样的回答（如高兴，伤心，沮丧，难堪，无聊等）无法给你想要的信息。还要注意，你也不是在问他的“需求”，因为这会鼓励孩子提供解决办法而不是表达他的顾虑。直到邀请这一步时，才需要你去考虑如何解决某个问题。

策略 5——分解问题：大多数未解决的问题都是由不同的环节构成的。

例如，晚上睡前准备，由洗澡、刷牙、换睡衣、睡前阅读等构成，早晨上学，由按时醒来、起床、刷牙、洗澡、换衣服、整理书包、吃早餐等构成。孩子有时候需要父母帮他们找出是哪个环节给他们造成了困扰。

家长（引入问题）：我发现你早上总是决定不了穿哪件衣服去上学。怎么回事呢？

孩子：我不知道。

家长：要不要好好想想这个问题？

孩子（思考后）：我真的不知道。

家长：那我们一起想想你选择衣服时有哪些顾虑吧。说不定能帮到你。

孩子：好吧。

家长：那好，我觉得你可能会考虑哪件衣服适合当天的天气，这对你来说很难决定，是吗？

孩子：不是。

家长：哦，这么说天气不会影响你选择衣服。

孩子：是的，不会。

家长：好。那你是考虑哪件衣服的款式合你心意，这对你来说很难做决定，是吗？

孩子：不是。

家长：很好，谢谢回答。下一个，你是考虑穿哪件衣服好看。这对你来说很难决定，是吗？

孩子：是的。

家长：不知道穿哪件衣服好看，是吗？

孩子：是的。

家长：那有什么难的呢？

孩子：我大多数衣服穿在身上会发痒，还都很紧，而且商标都缝在里面了，穿着不舒服。所以我找不到合适的衣服。

很高兴找到答案了。

策略 6——差异性评价：这是指你所看到的情形和孩子的描述不吻合。在众多策略中，这是最具风险性的，孩子有可能会因此而不愿意继续进行交流。尤其对于有说谎前科的孩子，这会使他们误认为你的看法是在指证他又说谎了，虽然你只是想指出，你所看到的情形和他描述的不吻合而已。这种不吻合并不能说明孩子在撒谎。例如，“你说这几天和夏洛特相处得很融洽，但昨天吃早餐的时候你们一点也不友好。这是怎么回事？”

策略 7——暂时搁置（并询问更多的顾虑）：这是指你暂时搁置孩子已说出的顾虑，而去专注处理其他顾虑。并不是说，你不重视之前提出的顾虑，只不过是暂时搁置，以腾出时间来考虑其他可能会有的顾虑。例如：“如果我每天早餐都会做松饼，并且在你上学前 10 分钟端上餐桌，而且你的兄弟姐妹也不捣乱，这样，还有什么事情使你早晨上学前吃不上早饭吗？”

策略 8——问题汇总（并询问更多的顾虑）：这是指你在总结听到的所有顾虑后，再询问孩子是否还有其他顾虑需要说明。在进入下一步“界定问题所在”之前强烈建议使用这个策略，这样才能确定是否遗漏了其他顾虑。例如：“我确定一下是不是理解了你说的话。你说你完不成社会调查报告的作业，是因为在学校待了一整天，还参加了足球训练，你感到很累；而且，你兄弟在客厅看电视吵得你在餐厅也没法安心写作业；有时候你需要我的帮助，而我却忙着哄你妹妹睡觉。还有其他原因吗？”

下面，我们来看一下如何使用不同的“信息挖掘”策略，来获取孩子的信息。

家长：我发现你最近总是违反我们“电子产品使用时间为30分钟”的约定。怎么回事呢？

马科斯：那不公平。

家长（使用策略1、2）：不公平？哪里不公平？

马科斯：30分钟不够。

家长（使用策略1）：30分钟不够。怎么会？

马科斯：因为不管我干什么你都认为是在玩电子产品。

家长（使用策略1）：我认为都算作是玩电子产品。

马科斯：对。你说我玩“我的世界”算作是玩电子产品，我没意见。你认为我用苹果手机玩“部落战争”，这我也没意见。但是你觉得发短信也算，在社交工具上和朋友分享照片也算，所有这些东西都算的话，30分钟肯定不够啊。所以我说不公平。

家长（使用策略1）：你是说我把这一切都算到使用电子产品的30分钟里对你来说很不公平，是吧。

马科斯：是的。我是说，我用电子产品不是都玩游戏的。30分钟应该是用来限制玩游戏的时间。但是你现在把凡是和电子产品有关的事情都算到30分钟里了！

家长（使用策略 1）：你觉得除了游戏，其他都不能算进 30 分钟里？

马科斯：是的。其他都是孩子们用作交流的工具。我就是用电子产品和朋友联系的。所以这些都算进去的话，我就没有玩游戏的时间了。

家长（使用策略 4）：明白了。那我跟你说关掉手机或电脑的时候，你是怎么想的？

马科斯：我觉得你是我认识的家长中，唯一把其他事情都算到电子产品使用时间里的家长。这是不公平的。我希望你多了解了解现在孩子们的交流方式。

家长（使用策略 8）：哦，你认为规定你电子产品只能玩 30 分钟是不公平的。而且除了玩游戏，其他和电子产品相关的事都不能算到 30 分钟里，其他家长都不像我这样。那还有什么我不知道的会影响你执行不了“30 分钟电子产品”这个约定的呢？

马科斯：嗯，类似你一看到我写作业的时候把手机放到身边就大发雷霆。其实即使我边写作业边给朋友发短信，我也能按时完成作业的。而且有时候我给他们发短信其实是讨论作业的事情。

家长（使用策略 6，最有风险的一种）：好吧。但是你说过写作业的时候发短信有时候会使你分神的。

马科斯：是的，有时候，但不总是。再说了，如果真会让我分神，我就不看短信了，我会先写作业。

这个信息量就很大了。从“这不公平”这句话出发，我们更清楚地了解到孩子对要解决的问题的看法。当我们准备进入第三步“邀请”来解决问题的时候，这些信息都能派上用场。所以在了解孩子顾虑的同时，家长们也常常惊讶于自己竟然能从中获得这么多的信息。

那让我们再看看如何用方案 A 来处理这件事，也许你对此也很好奇。

家长：因为你最近使用电子产品的时间总是超过 30 分钟，违反了我们“电子产品使用时间为 30 分钟”的约定。我决定没收你的手机和 Xbox（微软开发的家用电视游戏机），等你能遵守我们的约定了再还给你。

当然，无论是基于第四章里讲过的什么原因，如果使用方案 C 就能解决问题，那么从一开始你就没必要提起这个问题。

一些家长在将心比心这一步就已经了解了孩子的顾虑，他们可能会不可避免地直接“忽略”这些顾虑或又回到“单方面给予解决方案”的方法上，那“协商一致解决问题”的方案就无疾而终了。所以，我们尽量避免如下处理方式：

家长：我发现你上学前总是不吃早饭。怎么回事呢？

孩子：我不想吃鸡蛋。

家长：早餐只能吃鸡蛋，没别的吃的！我又不是快餐店的厨师能变着花样给你做早餐。

家长：我发现最近你早晨都没有喂狗。怎么回事呢？

孩子：我忘了。

家长：如果你记不住喂狗，那我也记不住一周送你去练三次体操。

家长：我发现你最近不爱坐校车。怎么回事呢？

孩子：校车上的孩子总欺负我。

家长：勇敢的攻击。进攻是最好的防守。

第二种回应：他什么也不说或只说“我不知道”。

在你说明要解决的问题以后，这是孩子有可能给予的第二种回答。孩子什么也不说或只说“我不知道”的原因有很多。

- **你的言辞不明确。** 如果你没有按照第四章说的先说明要解决的问题，那就会导致孩子保持沉默或只说“我不知道”。因为孩子没听明白你要说什么问题，或者他干脆就理解为他又惹祸了，或者他又做了什么事情惹你生气了，可能你只有在他惹祸后或惹你生气后才会找他解决问题。因此，你要做的就是保证孩子明白你只是想知道他的顾虑，并邀请他一起解决问题。

- **你的时机不合适。** 请牢记，孩子正面临困扰时使用方案 B 的紧急模式只会加剧你们双方的紧张气氛，这并不是解决问题的最佳时机。而方案 B 的积极模式则不会令孩子对你要解决问题的想法感到惊讶，而且如果你能预先告知孩子要解决什么问题，他就不会报以沉默或以“我不知道”来应付你了。

- **他确实不知道自己对你提出的问题有什么顾虑。** 可能你之前从来没有考虑过他的顾虑，至少没有用这种方式去了解过他的顾虑。也可能他还没有仔细想过这个问题，或者他已经习惯了你对他的“不予考虑”，所以他也就不去想自己有什么顾虑了。

- **他已经饱受方案 A 之苦了，所以这次他确信你还会用方案 A 来解决问题。** 我们必须得通过邀请他协商解决问题，来证明你不会用方案 A 来单方面地做决定。顺便说一下，单纯的口头保证永远也解决不了问题——

你必须付诸实践。

- **他不愿意说出自己的想法。**凭以往的经验，他知道一旦他说出自己的想法，你肯定会立刻否定或勃然大怒，接下来肯定就是一场“打斗”了。将心比心就是，不管孩子说什么，你都要暂时压制你的情绪。你要知道，一旦你情绪激动了，孩子肯定会闭口不言，你也听不到想要的信息了。所以，即使孩子的顾虑牵连到你，你也要非常耐心地听下去。

- **他在为自己争取时间。**大部分孩子都会用“我不知道”来代替“嗯……”、“给我点时间理理思路”、“让我想想”。既然你不着急，那就给他点时间考虑考虑。很多孩子保持沉默，是因为他可能正在整理思路或者他无法准确地表达他的想法。然而糟糕的是，家长经常在孩子沉默不语的时候把自己的观点、顾虑或解决方案和盘托出，这就和将心比心的初衷（收集并理解信息）背道而驰了，也不利于孩子整理自己的思路。你应该学会去适应这段沉默的时间。

如果你给孩子时间考虑了，而且你也确定，他不知道自己有什么顾虑或无法准确地表达他的顾虑，你最好做一些猜测或假设引导他说出自己的顾虑。这样，你的那套理论也就派上用场了。那就根据你的经验帮孩子做一些猜测，然后看看对不对吧：

家长：我发现你最近不愿意打曲棍球。怎么回事呢？

孩子：不知道。

家长：那就想想。不着急。

孩子（10 秒后）：我真的不知道。

家长：慢慢想。

孩子（又想了 5 秒）：我真的不知道。

家长：那好。我记得你之前跟我说过为什么不愿意打曲棍球，你还记得吗？

孩子：不记得了。

家长：嗯。你说过有时候会担心在其他孩子面前出现失误。是吧？

孩子：好像是。

家长：好。你担心如果你失误了，别的孩子会对你发飙。是吧？

孩子：是的。

家长：而且你很讨厌丹教练对你大吼大叫。对吧？

孩子：没那么讨厌。

家长：那就是你担心如果出现失误了其他孩子会对你发飙或者你会很尴尬，对吗？

孩子：嗯。

家长：还有什么我们没想到的吗？

孩子：没有了。

尽管这个例子很简短，但孩子的顾虑已经显而易见了。所以，当你做假设的时候，请牢记，你是在提供一些可能性，而不是直接推断孩子的顾虑。下面的对话就是直接推断孩子的顾虑（不推荐使用）：

家长：我发现你最近不愿意打曲棍球。怎么回事呢？

孩子：不知道。

家长：我觉得是因为你讨厌听到丹教练对你大吼大叫吧。

第三种回应：他说“没事”。

许多父母认为，如果孩子说“没事”，那就没有必要再讨论下去了。毕竟孩子都说没问题了，那还能和他讨论出问题吗？但是，孩子说“没事”，只是你了解他的想法或顾虑的开始，并不是结束。虽然这说明孩子可能不像你那么关心某个问题，但不表明你就无法继续使用方案 B 了。这时候第一个信息挖掘策略（印证式倾听）可能会帮到你。

家长：我发现最近晚餐时间你总是和妹妹闹矛盾，怎么回事呢？

孩子：没什么事啊！

家长：没什么事？很抱歉，我不是很明白。

孩子：我是说，我不是很在意能不能和她相处好。

家长：哦，你不在意能不能和她相处好。能说得再详细点吗？

孩子：真的没什么事。

家长：什么意思？

孩子：她就是一个小孩子，只知道大吵大闹惹人烦，我们根本就不可能和睦相处。

家长：哦，她就是一个小孩子，只知道大吵大闹惹人烦，你觉得你们根本就不可能和睦相处。

孩子：她不可能不吵闹不惹人烦，我也不可能改变对她的看法，所以没办法，我们就是这样子了。再说了，她清楚你最疼她了，她就总是告我的状让你来惩罚我。

听起来他还是遇到麻烦了（他妹妹总是大吵大闹惹人烦，还总和妈妈告他的状）。即使孩子确实不像你那么在意某个问题，他还是会在意这个问题可能引发的冲突。所以说还是有问题需要解决的。

第四种回应：他说，“我现在不想和你说这个”。

你一定要告诉他，幸运的是，他现在可以不和你说这件事。但一般来说，大多数孩子都是这样，当你允许他们不说某事的时候，他们往往就开口说了。如果他确实不想说，他肯定是有充分的理由的，那就等着，以后他肯定会说的。但许多孩子会告诉你不想说的原因，而这本身就包含了很多信息。而且，说完了原因他们自然就会聊到一开始不想说的事情。然而遗憾的是，很多父母并不想等，他们总是一再坚持反复要求孩子去说。因为他们认为如果今天不强迫他说出来，那明天他就更不会说了。但是总有一天他会说的，因为很多孩子都是在想说了或准备好了才会说。我知道很多父母其实也是这样的。

第五种回应：他充满敌意地说“我没必要和你说”。(或更敌对的话。)

我们先想想为什么孩子会这么反感父母问他某个未解决的问题。有这么几种可能：他可能习惯了父母用方案 A 单方面地处理问题；或者他们知道，问题一摆上桌面，他们肯定就要遭殃了，因此他们预料到了可能会受到的责骂或惩罚；或者，他压根就认为，没必要思考或表达他的顾虑，因为他对问题一直都是持“视而不见”的态度的。

幸运的是，我们正在努力打破父母这种交流和回应模式，因为这会让孩子认为，“交谈”并不是解决问题的最佳方式。面对孩子的敌意回应，父母不能也持敌对态度，或威胁孩子接受你的决定，而是要如实相告。比如："我没必要和你说这事"的回应可以是"你是没必要和我说这事"；"你又不是我上司"的回应是"我当然不是你上司"；"你没办法让我开口说话"的回应是"我是没法让你开口说话"。当然，跟孩子反复确认"你不会使用方案 A"效果也不错，如"我不是要告诉你怎么做"、"你不会受到惩罚的"、"我没有生你的气"或"我在努力理解你的想法"。而"我只不过是为了你好"或"我这么做（强制性的决定）完全是因为我爱你"则不是理想的回应。

当你明确地了解了孩子的顾虑或想法时，你就可以进入第二步"界定问题所在"阶段了。那怎么才能知道是否可以进入这一步了呢？通过不断地总结和询问（信息挖掘策略 8）直到确认孩子没有更多的顾虑了，你就可以进入这一步了。

◆ 界定问题所在：真正的影响力

并不是只有孩子才有顾虑。基于你的人生经验、智慧和价值观，你也有正当的、重要的顾虑，而且你也希望孩子了解并理解它们。你若想发挥你的影响力，那么是时候了。

由于父母很少认真思考心中的顾虑，所以"界定问题所在"这一步实施起来非常困难。事实上，他们经常略过自己的顾虑，直接提出（甚至经常是强加）解决方案，但是这种强加的解决方案并没有充分考虑到双方的顾虑，因此对事情的解决不会起到任何作用。你在第三章看到的权利斗争就是由于你和孩子双方的解决意见相互矛盾（即没有考虑到双方的顾虑）而导致的。而且，不存在"相互矛盾的顾虑"，只有立场不同的顾虑，也只有这些顾虑才有必要说出来。并且双方的顾虑都同等重要，谁也不会占上风，我们的目标也不是要评判出来谁对谁错。

你是说我的孩子和我是平等的?

当然不平等，但是如果你真想和孩子协商解决问题，那他的顾虑就和你的一样重要、一样有意义。

你还是要认真思考自己的顾虑，如果能预料到无法在和孩子沟通的那一刻思考你的顾虑，就要提前做准备。单纯地重复孩子达不到的某种期望不是正确的思考方法，例如，“我担心你数学不是很好”。你应该把你的顾虑归为一类或两类：（1）这个尚未解决的问题是怎么影响孩子的；（2）这个问题是怎么影响其他人的。

父母通常以“事情是这样的……”或“我担心……”开头表明自己的顾虑，但很少用“这样很好，但是……”开头。下面我们来看看父母应该如何针对我们之前讨论过的问题表达自己的顾虑，每一个案例后面都列有这些顾虑的分类方法。

关于“早晨无法按时起床”：我担心你若早晨无法按时起床，你上学就会迟到并错过前两节课，长此以往，前两节课的功课就会落下了。（第一类，这个问题是怎么影响孩子的。）

关于“上学前不吃早饭”：早饭可以给你提供足够的能量来维持一天的活动，我担心你如果不吃早饭，就不能聚精会神地听课。（第一类，这个问题是怎么影响孩子的。）

关于“早晨不喂狗狗”：我担心如果你早晨忘记喂狗狗，那它就得饿一天了。（第二类，这个问题是如何影响其他人的。）

关于“不愿意坐校车”：事情是这样的，如果你不坐校车上学，那我就必须送你上学，我上班就会迟到，我老板也会因此生气的。（第二类，这个问题是如何影响其他人的。）

关于“不接电话”：事情是这样的，如果你不接我电话，我就不知道你在哪儿，我就会担心你的安危的。（第二类，这个问题是如何影响其他人的。）

关于“不理解数学作业的重要性”：这学期的数学课令你很有挫败感，你也没有信心继续学下去了……但是今年的数学课是为来年打基础的，我担心基础打不牢的话，明年学起来就更吃力了。（第一类，这个问题是怎么影响孩子的。）

下面我们再看一遍，之前使用方案B的积极模式解决问题的那个案例。这次我附上全部对话内容，这将有助于你理解问题解决的各个流程。

第一步：将心比心

家长：我发现你最近总是违反我们“电子产品使用时间为30分钟”的约定。怎么回事呢?

马科斯：那不公平。

家长：不公平？哪里不公平？

马科斯：30分钟不够。

家长：30分钟不够。怎么会?

马科斯：因为不管我干什么，你都认为是在玩电子产品。

家长：我认为都算作是玩电子产品。

马科斯：对。你说我玩“我的世界”算作是玩电子产品，我没意见。你认为我用苹果手机玩“部落战争”，这我也没意见。但是你觉得发短信也算，用社交工具和朋友分享照片也算，所有这些东西都算的话，30分钟肯定不够啊。所以我说不公平。

家长：你是说，我把这一切都算到使用电子产品的30分钟里对你来说很不公平，是吧。

马科斯：是的。我是说，我用电子产品时不是都在玩游戏。30分钟应该是用来限制玩游戏的时间的。但是，你现在把凡是和电子产品有关的事情都算到30分钟里了！

家长：你觉得除了游戏，其他都不能算进30分钟里？

马科斯：是的。其他都是孩子们用作交流的工具。我就是用电子产品和朋友联系的。所以这些都算进去的话，我就没有玩游戏的时间了。

家长：明白了。那我跟你说关掉手机或电脑的时候，你是怎么想的？

马科斯：我觉得你是我认识的家长中，唯一把其他事情都算到电子产品使用时间里的家长。这是不公平的。我希望你多了解了解现在孩子们的交流方式。

家长：哦，你认为规定你电子产品只能玩30分钟是不公平的。而且除了玩游戏，其他和电子产品相关的事都不能算到30分钟里，其他家长都不像我这样。那还有什么我不知道的会影响你执行不了“30分钟电子产品”这个约定的呢？

马科斯：嗯，类似你一看到我写作业的时候把手机放到身边就大发雷霆。其实，即使我边写作业边给朋友发短信，我也能按时完成作业的。而且，有时候我给他们发短信，其实是讨论作业的事情。

家长（使用策略6，最有风险的一种）：好吧。但是你说过，写作业的时候发短信，有时候会使你分神的。

马科斯：是的，有时候，但不总是。再说了，如果真会让我分神，我就不看短信了，我会先写作业。

第二步：界定问题所在

家长：可我的顾虑是，我不清楚你用电话或电脑到底在干什么，我也不清楚你究竟会玩多长时间游戏。而且，我觉得因为这些电子产品，你晚上总是很晚才睡觉，也没时间陪我、爸爸和莫利了。

这样双方的顾虑都摆在桌面上了。可以直接进入最后一步了。

◆ 邀请：共同解决问题

最后一步是指，探讨能够化解在前两步里双方已表明的顾虑的解决方案。之所以称之为“邀请”，是因为你将真正邀请孩子和你一起解决问题。“邀请”可以使孩子意识到，是你和他**一起解决问题**（双边合作），而不是**解决他的问题**（单边解决）。

在这一步，你的开场白应该是“让我们想想怎么解决这个问题”或“我们一起看看这个问题怎么解决”。为了更清楚地表明解决方案充分顾及到了双方的顾虑，父母需要简明扼要地重述前两步里发现的顾虑，可以这么说：“我在想有没有办法……”因此，还用之前的例子，大概可以这么说：“我在想有没有办法既不把你用手机、电脑和朋友交流的时间计算到电子产品使用的限制时间里（孩子的顾虑），又能保证你遵守30分钟玩游戏的约定，还能确保你按时上床睡觉、有时间陪我们（家长的顾虑）。”

接着你要给孩子提供解决方案的机会：“对此你有什么想法？”当然，这并不是说，要把解决问题的担子放到孩子身上，而是要由问题解决团队即你和孩子共同承担。但是，让孩子先表达想法可以很好地表明你很在意他的意见，也可以锻炼他思考的能力。我们总是认为，只有父母才能提出合理的建议。但是往往当我们认为孩子还不具备解决问题的能力的时候，他们其实是能想出解决办法的，甚至这些办法还顾及到了你的顾虑。当然也很有可能他们只是在等（或许表现得很焦躁）你给他们这个机会。

许多父母是带着预先想好的解决方案来进行方案 B 的讨论的。打个比方，也就是说，在方案 B 这艘飞机起飞前，他们已经找好了降落地点。但如果你在展开讨论之前就想好了解决方案，那么你运用的就不是方案 B，而是“自作聪明”的方案 A。但是不同于一厢情愿的方案 A，方案 B 是通过沟通来共同解决问题的。

任何方案都不可能按照预定的轨道实施。若把方案 B 比作你和合作伙伴共同拥有的一架航班，无论你们的顾虑如何，这艘航班都要继续前行。但是在驾驶舱中的你必须明确这架航班将在哪里着陆，即你们双方达成的解决方案要既现实可行又能让双方都满意，否则，你们要继续商讨，直到最佳方案出炉。顺便说一下，“勉强”可商讨不出现实可行还能让双方都满意的解决方案。

方案 B 探讨出的解决办法不是单凭美好意愿就能完成的，现实可行是很关键的。如果你无法执行这个决定，那就不能只是为了结束双方的商讨而轻易答应。同样，如果你认为孩子也无法执行此方案，你就要鼓励他三思而后行，可以问他几个问题来帮他做决定，如：“你确定能做到吗？我们一起想想我们两个是否真的能执行这个方案。”

当然，能让双方都满意也很重要，这就要求你们先要反复思考双方的顾虑，然后再提出解决方案。换句话说，所有的备选方案都是在衡量了方案 B 前两步里确认的所有的顾虑后提出的。让双方都满意是指，免除家长单方担心自己的顾虑被忽视以至于无法制定规范的担忧。请注意，当你在表达你的顾虑的时候，你就是在制定规范，而且既然这个决定是令双方都满意的，那毫无疑问你的顾虑肯定也都考虑在内了。如果你认为只有方案 A 才能确保你制定规范来约束孩子，那就是你错了。

令双方都满意也有助于让孩子明白你在竭尽全力确保你和孩子都表明了自己的顾虑。这意味着你就少了一个敌人，多了一个同舟共济的合作伙伴：你们由对立方变成了合作方。

一开始，可能孩子提出的方案只考虑了他的顾虑，你肯定也会有这个倾向。但是这并不是说孩子的想法不对，或者他不在意，甚至压根就没想要考虑你的想法，反而这只能说明他还不懂得如何提出一个令双方都满意的方案。这时候你只需提醒他你们的目标是找到一个符合双方意愿的解决办法，或者就跟他说："这个办法不错，也充分考虑了你的顾虑，但是没考虑我的顾虑啊。让我们再看看能不能找到令我们双方都满意的办法吧。"

不少父母急于要解决问题，因此忘记了"邀请"孩子。似乎他们并不是真正的要通过合作去解决问题，而是想把自己的意愿强加给孩子。这样并不好，因为孩子本以为你要和他协商解决问题，而你又解除了和他的合作关系，退回到单边解决的路上。那么下次你再邀请他参与进来，他很可能会直接拒绝你。

假设前两步进展得都很顺利，让我们看看怎么才能把这三步合理地融为一体。还是原来的例子，请原谅我把之前的对话都写出来了，因为这样有助于你看清楚问题解决的前因后果。

第一步：将心比心

家长：我发现你最近总是违反我们"电子产品使用时间为 30 分钟"的约定。怎么回事呢？

马科斯：那不公平。

家长：不公平？哪里不公平？

马科斯：30 分钟不够。

家长：30 分钟不够。怎么会？

马科斯：因为不管我干什么你都认为是在玩电子产品。

家长：我认为都算作是玩电子产品。

马科斯：对。你说我玩“我的世界”算作是玩电子产品，我没意见。你认为我用苹果手机玩“部落战争”，这我也没意见。但是你觉得发短信也算，用社交工具和朋友分享照片也算，所有这些东西都算的话，30分钟肯定不够啊。所以我说不公平。

家长：你是说我把这一切都算到使用电子产品的30分钟里对你来说很不公平，是吧。

马科斯：是的。我是说，我用电子产品不是都玩游戏的。30分钟应该是用来限制玩游戏的时间的。但是你现在把凡是和电子产品有关的事情都算到30分钟里了！

家长：你觉得除了游戏，其他都不能算进30分钟里？

马科斯：是的。其他都是孩子们用作交流的工具。我就是用电子产品和朋友联系的。所以这些都算进去的话，我就没有玩游戏的时间了。

家长：明白了。那我跟你说关掉手机或电脑的时候，你是怎么想的？

马科斯：我觉得你是我认识的家长中，唯一把其他事情都算到电子产品使用时间里的家长。这是不公平的。我希望你多了解了解现在孩子们的交流方式。

家长（使用策略8）：哦，你认为规定你电子产品只能玩30分钟是不公平的。而且除了玩游戏，其他和电子产品相关的事都不能算到30分钟里，其他家长都不像我这样。那还有什么我不知道的会影响你执行不了“30分钟电子产品”这个约定的呢？

马科斯：嗯，类似你一看到我写作业的时候把手机放到身边就大发雷霆。其实，即使我边写作业边给朋友发短信，我也能按时完成作业的。而且有时候我给他们发短信其实是讨论作业的事情。

家长（使用策略 6，最有风险的一种）：好吧。但是你说过写作业的时候发短信有时候会使你分神的。

马科斯：是的，有时候，但不总是。再说了，如果真会让我分神，我就不看短信了，我会先写作业。

第二步：界定问题所在

家长：可我的顾虑是，我不清楚你用电话或电脑到底在干什么，我也不清楚你究竟会玩多长时间游戏。而且，我觉得因为这些电子产品，你晚上总是很晚才睡觉，也没时间陪我、爸爸和莫利了。

第三步：邀请

家长：我在想有没有办法在保证你每天只玩 30 分钟游戏的同时，你还能用社交工具发短信和朋友联系，还得让我知道你只玩了 30 分钟游戏，而且你每天不熬夜玩手机，还有时间陪我、爸爸和莫利。你有好办法吗?

马科斯：没有。

家长：那我们一起想想吧。我打赌咱们肯定能想出解决办法来。

马科斯：嗯……我通常是在放学回家后或足球训练结束后玩游戏，因为我需要放松一下。所以我可以在固定的时间玩游戏，这样你就知道我干什么了。

家长：想法不错。但是我不知道你一般都什么时候玩游戏。

马科斯：有时如果我写作业之前没玩游戏，我就会在写完作业后玩。周末例外，一般我是在早晨睡醒后玩游戏。

家长：你觉得周末你也是只玩 30 分钟游戏吗？我怎么觉得不止 30 分钟呢。

马科斯：嗯……你说对了。不过我觉得周末我可以多玩会啊，毕竟有那么长的休息时间呢。

家长：很感谢你能这么诚实。我会考虑周末多加点时间的。现在我们先说周一到周五吧，我怎么才能知道你什么时候玩游戏呢？

马科斯：我真的只在放学后或写完作业后才玩游戏，而且一般都是放学后，因为通常写完作业就很晚了，我就直接上床睡觉了。

家长：跟你说实话吧，我非常不赞同睡觉前玩游戏，太兴奋了你就很难入睡了。

马科斯：那我睡觉前能发短信或用社交工具吗？你知道，这样我就能和朋友，嗯……睡前再聊会了。

家长：我没意见，只要不影响你睡觉就行。那我们怎么设定你和朋友聊天的时间呢？

马科斯：我也不知道。不过我每次也就聊一两分钟，当然每天会聊很多次。

家长：但是你手机上没有游戏吗？我怎么知道你只是用 iPhone 聊天呢？

马科斯：我不介意卸载了 iPhone 上的游戏。上面也只有“飞行模拟”和 Clash of Clans 两款游戏，我也玩腻了。

家长：很好。那我们能不能商量下晚上不玩 iPhone 呢？

马科斯：要不我写完作业 15 分钟以后就关掉手机？

家长：没意见。你手机上没游戏了，你只在放学回家后或足球训练完玩游戏，我也不会因为你用 iPhone 而唠叨你了。哇，我们解决了这么多问题了。很感谢你能和我聊这么多。

马科斯：我们还有两件事没解决。

家长：是吗？

马科斯：是啊。周末玩游戏的时间……我陪你和爸爸、莫利的时间。

家长：对啊，我把这个给忘了。谢谢，马科斯。

马科斯：那我们明天再说这些好吗？我有点累了。

家长：可以，我们明天再说。我也有点累了。

马科斯：但是我觉得“陪你们”这个问题不难解决，因为我是在足球训练完或下学后玩游戏的，而这段时间我们一家四口还凑不到一起呢！

家长：这倒是真的。我只考虑咱们四口在一起的时间，尤其是周末，还有你玩手机的时间了。不过，我们明天再说这个问题吧。我们先看看刚讨论出的解决方案能不能把其他问题解决好。如果解决不好，那么我们还需要继续寻找更好的方案。

上述对话的最后一句非常重要，因为它强调了一个重要问题：你和孩子承认，还需要进一步讨论问题的解决方案，这很好，因为刚出炉的方案不可能完美地解决某个问题。原因何在？首先，它可能并不像一开始那样看起来那么现实可行，或能令双方都满意；其次，在初次尝试去了解并确认双方的顾虑的过程中可能会获得有用的信息，但这些信息不一定全面，也就是说，这些顾虑只包含了你了解到的信息，并不包括你还没听到的信息；再次，实际生活中解决问题不可能一蹴而就，合理而长久的解决方案通常是经过数次修改后获得的。

你是不是觉得，运用方案 B 的三个步骤解决问题的第一个案例就很完美无缺呢？当然是了，很完美，一点漏洞也没有。第一个例子就一点瑕疵也没有，太令人欣慰了。不过，下一章我们会专门讨论可能会出现的“瑕疵”。

疑问 & 解惑

Q：对于方案 A，我还是有点困惑。难道我以后就不能再告诉孩子应该做什么了吗？

A：很多人对此都有困惑。请牢记，方案 A 是指，你把意愿强加到某个未解决的问题上了。但是，正如之前说到的，“强加意愿”不等于“表达意愿”。就像“我希望你把餐桌摆好”就不是方案 A，“请不要再嘲笑你妹妹了”或“我觉得你玩曲棍球的时候，应该更勇敢地去对付那些捉弄你的人”。也不是方案 A。你要想方设法让孩子知道你对他的期望。不过，一旦你发现自己总是反复强调孩子做同一件事，你就需要考虑一下，“反复强调”是否是你能想到的最有效的处理策略。

Q：所有事情都要协商解决吗？

A：不能把方案 B 等同于协商，甚至是让步。方案 B 是鼓励共同解决问题。请记住，孩子已经满足了你的大多数期望了，方案 B 只是用来解决孩子无法满足或难以满足的那些期望的。

Q：我一直使用方案 A，现在知道这个方案并不理想。但若换成方案 B，我需要做出极大地调整。有什么建议吗？

A：你可能需要一段时间去适应如何积极地、共同地去解决问题，并使之有成效。一开始你会觉得失去了对孩子的控制权。当然，你对孩子的控制权可能没你想象的那么多，但愿以后你也不要再这么“自信”地看待你的控制权了。不过，能够和孩子一起解决问题应该会让你稍感安慰，因为你最起码不用为了替孩子想出一个立竿见影的绝妙解决方案而焦头烂额了。此外，孩子成长过程中遇到的问题也不会引发你们的冲突了。如果你能积极地而非被动地面对问题，那改用方案 B 就没有那么艰难了。再次提醒各位，盛怒之下任何人都有可能使用方案 A，所以请避免在不理智的状态下去处理问题。

Q：方案 B 处理问题所需的时间不是比方案 A 长吗？

A：大家对方案 B 的第一印象都是如此。尽管父母单方面制定解决方案看似很节省时间，但是通常都没有什么效果，因此可能要花费更长的时间去彻底解决问题。

Q：除了解决问题，方案 B 还有其他的作用，是吗？

A：确实是。正如之前读到的，方案 B 是关于如何确立（或重新确立）亲子关系、促进亲子交流的一个方案。它有助于你和孩子去了解你的价值观、智慧和人生经历，以及他的处事技巧、信念、价值观、喜好、性格特征、人生目标等；帮助你学会如何不通过强权来发挥对孩子的影响力。还有，我们会在第九章详细探讨的一点：如何让你和你的孩子都呈现出最佳的状态，如何挖掘出最积极的人性特征等。

Q：将心比心这一步让我想起了史蒂芬·柯维的《高效能人士的 7 个习惯》里面的一些内容。我的想法对吗？

A：对的。柯维先生在那本书中指出，我们花费了数年去掌握读、说、写的能力，但是却不懂得如何倾听：

> 如果你和大多数人一样，那你追求的首要目标就是被理解——希望别人能明白你的观点。这样做，你可能会完全忽视他人的话语，假装在听他们说话，其实你只是选择性地听了某一部分的内容，或只听到了他们说出的话而忽视了其含义。那为什么会这样呢？因为大多数人倾听的目的是做回应，而不是去理解。你关心的是，你打算说什么、打算问什么。你会根据你的人生经历、人生理念过滤听来的信息。你会审视与你人生信条相悖

的信息，并对其进行重新评估。由此导致的结果就是，在别人结束交谈之前，你对其内容早已妄下定论了。

Q：如果我用方案 B 处理问题，孩子会不会愿意和我交流了呢？我很想念他。

A：如果他意识到了你有意倾听、阐明、重视，并会着手去化解他的顾虑，那你已经为他再次和你对话铺平了道路。可能他也很想念你呢。

Q：他也会开始聆听我的顾虑吗？

A：如果孩子的顾虑得到了倾听和处理，而不是被怠慢或置之不理，孩子就会乐意倾听你的顾虑，并确保能够化解这些顾虑。

Q：如果我发现孩子无法满足我的某个期望，我什么时候着手处理合适呢？要即刻处理吗？

A：要看具体的问题了。如果他只是带回来拼写测验不合格的成绩单，那你就没有必要立刻干预。你可以密切观察孩子能否自己努力提高拼写成绩（方案 C）。你要让他们独立度过人生的几个关键阶段。当然，如果他无法靠自己提高成绩，那就不要让他独自面对困境了，否则他以后就没有信心去独立克服困难了。毕竟任由孩子溺水并不是教孩子游泳的理想方式。

Q：能再解释下方案 C 吗？如果搁置问题不去处理，我总觉得是放弃了对他的所有期望。

A：请记住，使用方案 C 的原因分以下几种不同的情况：（1）你发现你确实不是很在意某个期望能否被满足；（2）你已经决定顺从孩子的处事方式、信念、价值观、喜好、性格特点和目标；(3)你已经决定让孩子暂时独立处理问题；⑷你发现依孩子目前的状态，某种期望根本无法现实；⑸你还有其他更为紧迫的问题要去处理。但是肯定的是，你没有完全放弃你的期望。你仍然可以使用方案 B 去处理某些问题。别忘了，孩子已经满足了你不少的愿望了。

Q：我一直相信，人生来就是自私的，也包括孩子。难道我们不是更在意首先去化解自己的顾虑吗？

A：毫无疑问，我们（包括孩子）都希望自己的顾虑得到倾听或处理。而且我们也更热衷于或致力于表达或处理我们的顾虑。但这并不是说，我们只管自己的顾虑而排斥别人的顾虑。我每天都能看到，孩子们在解决问题的时候都会设身处地地为他人考虑，对此我感到很惊讶。他们需要做的就是继续替他人考虑。如果家长主要是靠强加意愿给孩子来施展影响力，那他和孩子都得不到替他人考虑的机会，孩子长大后就会模仿家长继续把他的意愿强加到自己的孩子身上。

不仅仅是父母和孩子，其实全人类都面临着这样的难题，这就要求我们彼此互相倾听、互相体谅，齐心协力寻求长久的、能令双方都满意的解决办法。我们需要彼此，我们需要共同去解决问题。

汉克家

亲密交谈了解了女儿的心事，事情顺利解决；为什么和儿子的交谈就没有效果呢？

下面让我们看看之前提到过的一个家庭是如何使用方案 B 来解决问题的。

一天晚上陪夏洛特睡觉的时候，丹尼斯决定试用一次方案 B。这会儿正是她们母女难得的“亲密时刻”，因为男孩子们都在楼下看电视，不会上来打扰她们的。

丹尼斯坐在夏洛特的床边：“夏洛特，我能和你谈谈吗？”

“好的，妈妈。有什么不对劲吗？”

真是敏感的孩子，丹尼斯想，然后说道：“不，没有。我就是想和你一起解决一个问题，要不要试试？”

“什么问题？”

“嗯，其实我早就想和你说这个问题了。就是早晨按时出门上学的事。愿意谈谈吗？”

“好吧。不过你对此很生气吗？”

“不，我一点也不生气。不过我发现，你早晨很难按时出门赶上校车。怎么回事呢？”

“我不愿意早晨起来过于紧张。”夏洛特回答。

丹尼斯没怎么听明白。但是她明白，揣测并不利于共同解决问题，所以她边听边做印证：“你不愿意早晨起来过于紧张。我不是很明白你的意思。”

“早晨起来我又得选衣服、洗澡、吃早饭，又得喂狗，我要做的事太多了，时间太紧了。”

丹尼斯很想告诉她，如果早晨起来不看电视，那时间是绰绰有余的，但是她还是忍住没说。相反，她继续边听边回应：“时间太紧了，是吧？”

“是的，所以我经常忘了喂狗。”

“因为时间很紧，而你还需要做很多事情。”

“是的。”

“还有其他原因导致你无法按时出门赶上校车吗？”

“我想让你开车去送我上学。这样我们还能多在一起待一会。”

丹尼斯之前听过她这么说：“是的，我知道你想和我在送你上学的路上多待会。”

“是啊，男孩子们还不跟着我们，就我们两个人。”

“哦，原来男孩子们不跟着，你会觉得很美好啊。”

“是的。”

丹尼斯感觉到心里充满了对女儿的柔情，这与早晨看到她因为害怕迟到而匆忙往外跑的心情形成了鲜明的对比。她决定总结下刚才聊到的问题：“那么，你早晨不能按时出门的原因之一是时间太紧了，来不及做完所有的事情。另一个原因是你觉得我开车送你上学的时间非常美好，因为没有男孩子们跟着。”

夏洛特点点头。

“还有其他原因吗？”

夏洛特摇了摇头：“那现在我们说完了吗？”

“怎么了？你想结束这次谈话吗？”

“不，妈妈，我喜欢和你聊天。”

“哦，很好。我们还没有聊完呢。我们得解决这个问题。你看啊，我的顾虑是，我早晨也很忙，你知道，我得准备好所有人的早餐，还得准备好上班的东西。所以我顾不上照顾你，因为我也有自己的事情要忙。你能明白我的意思吗？”

夏洛特抓着她的布娃娃：“对不起，妈妈。”

“哦，不用说对不起，宝贝儿。我只是在想，我们应该能解决这个问题。”

“什么问题？”

“你知道的，你早晨需要做的事情太多……你想和我单独相处……我早晨的事情也很多，所以我顾不上照顾你。你有什么建议吗？”

夏洛特想了想：“你早晨喂斯基勃，我晚上喂，行吗？”

丹尼斯考虑了一下这个建议：“这样你早上就能少做些事情了，是吗？”

“是的。我可以代替你晚上喂它，因为晚上我没有那么多家务事要做。”

“这个主意不错，夏洛特。我很喜欢。我们就是换一下喂狗的时间，你能记住晚上喂斯基勃吗？”

“我一从幼儿园回来就喂它。那时候它也就饿了。”

“可以一试。还有别的建议吗？”

“我可以每天早起15分钟，”夏洛特提议，“和你一起起床。”一般到半夜，夏洛特就跑到丹尼斯床上睡觉了，所以她知道丹尼斯每天早晨几点起床。“那我的时间就充裕了。反正那时候我也醒了。”夏洛特说。

“你是说和我一起起床吗？”

“嗯……我也可以晚上洗澡，这样早晨就不用洗了。还可以节省时间。我还可以晚上准备好第二天要穿的衣服，这样就不用早晨再匆忙找了。”

丹尼斯惊讶地看着夏洛特。她觉得女儿经常表现出超乎年龄的聪慧。“这些想法都很棒，夏洛特。我们总结一下：你会在晚上准备好衣服，晚上洗好澡。早晨提前15分钟和我一起起床。”丹尼斯边说，边琢磨这些想法是否现实可行，“这样肯定有助于解决问题。”

“一切都准备好了以后，我可以边看电视边吃早餐。”

啊，可怕的电视，丹尼斯想。但是既然夏洛特把一切都准备好了，我倒不反对她边看电视边吃早餐：“好吧，是这样吗：你下楼的时候我就把早餐准备好了，如果你一切都准备就绪了，你就可以边看电视边吃早餐？”

夏洛特点了点头。

“我们明天就这么做，好吗？”丹尼斯问。

“好。”

“现在，我们来处理之前说过的一件事。”

夏洛特不明所以地看着她。

“就是你想有我们独处的时间。”丹尼斯提醒她。

“哦，是的。”

“这个问题该如何解决呢？”

“我不知道。”夏洛特说。

“开车送你上学这件事，我有点难办到，”丹尼斯说，“因为送完你我上班就会迟到了。”

“要不我们换个时间相处？”夏洛特自告奋勇地建议。

丹尼斯快速地思索着：她现在已经忙得不可开交了。但是这个小家伙确实很想有多点时间陪她，而且她已经下定决心要找出这个相处的时间。“嗯……我送你去爸爸家的时候我们是在一起的啊，”丹尼斯说，“而且你经常和我一起买吃的。我哄你睡觉的时候也就咱们两个人啊。”

夏洛特点点头，说：“可是我爱我的妈咪。”

“那我再找一个时间陪你吧，就咱俩？”

“周末的时候我们一起玩娃娃好吗？爸爸不喜欢玩娃娃。”

“你是说周末你不在爸爸家的时候，我们一起玩娃娃吗？”

“嗯嗯。”

“这就是你想让我和你一起做的事情吗？”

“是的，一个人玩娃娃太没意思了。”

“我相信我们一起玩肯定很有意思。这周末我们就找时间一起玩吧？”

夏洛特点点头：“那我们现在是不是说完了呢？”

“我想是的。”

丹尼斯和夏洛特一起读了会书，然后给了她一个晚安吻。接着丹尼斯回到客厅喊尼克上床睡觉。（几年前汉克就认为自己足够大了，不用妈妈晚上陪着睡觉了，所以通常他会在晚上９：３０自觉上床睡觉。）第一次使用方案B就获得了成功，受此鼓舞，丹尼斯决定也和汉克试试方案B。

“汉克，你睡觉前我能和你说点事情吗？”丹尼斯的问话打断了汉克的双屏娱乐（汉克一边用智能手机玩游戏，一边看电视真人秀节目）。

“说什么？”汉克头也不抬地嘟囔。

啊，我这个粗鲁的儿子，丹尼斯想：“说说你如何和你的弟弟妹妹相处。”

“我不在乎怎么和他们相处。他们太吵了。”

对此丹尼斯一点也不惊讶，不过她还是觉出来这和夏洛特的情况完全不同：“汉克，不用担心，你不会受惩罚的。我只是想了解一下你的看法。”

“我的看法就是他们太吵了，我都不能专心看电视了。”

丹尼斯意识到目前这个计划已经失败了：“好吧，这就是我想和你说的事情。我们再找个合适的时间谈吧。”

“不会有合适的时间的。”汉克边说边调高了电视的音量。

这个故事还是给了我们很多启示。首先，同一个解决方案不可能解决在将心比心获悉的所有顾虑。例如，当丹尼斯和夏洛特交流的时候，同一个方案解决不了夏洛特的两个顾虑（早晨要做的事情太多，以及想和妈妈有单独相处的时间）。因此，你要分别制订两个解决方案，而且必要的时候要分成两次分别去和孩子商讨。

其次，如果你被汉克对丹尼斯试图聊天的第一反应吓到了，而且认为应该立刻教育汉克要尊重家长，那请你先暂缓一下。汉克的反应可能表明了他已经很厌烦总是被弟弟妹妹打扰了，同时这也反映了他们之间多年的交流模式。所以说，即时的尊重教育并不能解决问题，坚持使用方案 B 才是更佳的选择。

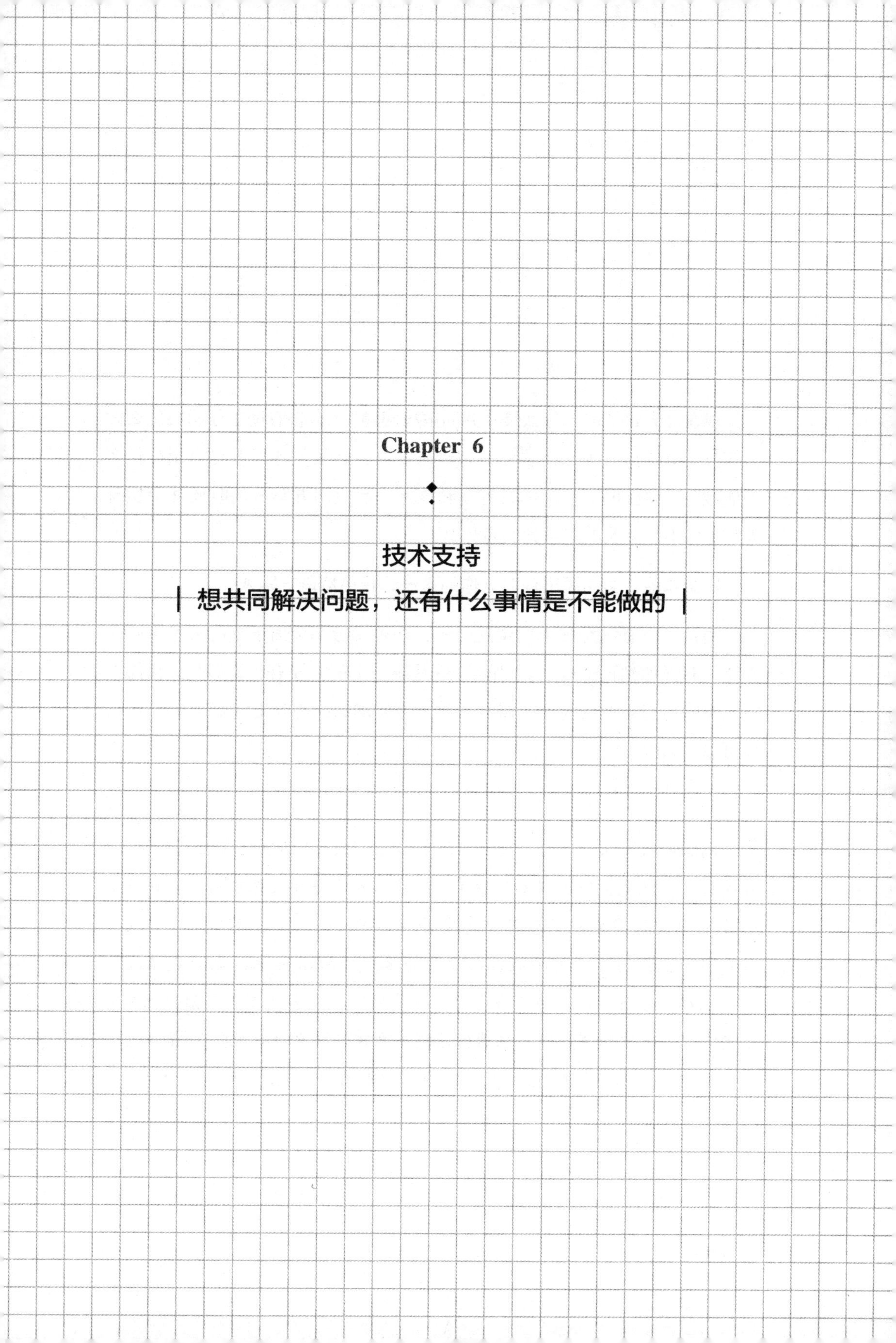

Chapter 6

技术支持

| 想共同解决问题，还有什么事情是不能做的 |

现在你大致了解了什么是“共同解决问题”，这将有助于你明白怎么做会使方案 B 失效，怎么做会使一切步入正轨。因此，本章就是介绍“什么不能做”。顺便说一下，你只有在和孩子一起使用方案 B 的时候才会切身理解这些不能触及的陷阱到底是什么。

原始本能：当问题出现时，你的第一选择仍然是方案 A

当孩子没有满足某个期望的时候，许多父母都会出于本能去考虑解决办法，并强加到孩子身上。当然，顺从第一本能并没有错，但是如果能再花点时间想想方案 A 是否是最佳解决方案，那么问题就更好解决了。或许你可以这么想：

玛雅的成绩又退步了。我要罚她不准出门，这样她就能做完功课了。我是说，真见鬼，她成绩都退步了，为什么晚上还要去练瑜伽？我得好好管管她。大学最看重的就是这学期的成绩了，她怎么会不知道呢？或者说，因为上周请了三天病假，所以才会跟不上功课。但是之前成绩退步了，她都能赶上来的。所以我也没必要禁足了。可是，要不要禁止她练瑜伽呢？嗯，做完功课后适当练瑜伽休息一会也没那么糟糕吧。但是我怎么才知道她真的能把成绩赶上来呢？我想我得和她好好谈谈……

当你假设：进入将心比心这一步时，你认为你已经明了孩子的顾虑或看法了。

正如你之前读到的，父母总是很确信已经非常清楚孩子的看法了。然后他们就基于这些假设，把自己制订的解决方案强加到孩子身上。但是，由于这些假设往往都是错误的，所以它们注定不会起任何作用。正因为如此，你可能会奋力追求一种“零假设”的生活方式。“零假设”就意味着解放。它能使你摆脱对这些假设的关注和错误认知，并帮助你去了解孩子所处的真实状况——当然都是通过直接询问孩子得到的。在将心比心这一阶段，大多数家长都要明白一个伟大的真理——事实并非假设。并不是说先假设孩子对某个未解决的问题持有什么顾虑是大错特错的，但是你得明白这些假设有可能是错的，或者至少有待事实来证实就行。技巧在于，当你“挖掘”信息时，一定不能把这些假设摆到首要位置去考虑。否则，孩子可能会敷衍你，而你们的谈话可能会向你事先预定好的结局去发展。

过度的“深思熟虑”：带着预先想好的解决办法去使用方案 B

许多父母都认为，家长的任务就是替孩子解决成长过程中遇到的所有问题。毕竟，我们才是无所不知、无所不能的人。可惜我们并不总是无所不知、无所不能，尤其是当我们还不充分了解孩子——我们解决问题的合作伙伴——的所有情况的时候。这就是为什么我们把“将心比心”和“界定问题所在”放到了“邀请”之前。事先考虑下如何解决问题是很好的，但是请牢记，检验解决方法好坏的试金石在于，它们是否现实可行，是否顾及了双方的顾虑。

糟糕的“时机”：依赖方案 B 的紧急模式而不是积极模式

对于忙碌的父母来说，积极主动地去处理问题可能是一个很大的挑战。但是除了挤时间去处理问题，我们别无他法。正如你所知，使用方案 B 的紧急模式时，剑拔弩张、不理智、不完美的状况都会卷入其中（例如：你正忙着开车，正要走出家门，正在购物，或者周围有其他孩子或大人）。并且通过方案 B 的紧急模式做出的决定都只是临时的应急措施，而不是永久的解决方案。请记住，你寻求的是能永久解决问题的办法，而不是只解燃眉之急的应急措施。这就解释了为什么你需要提前界定问题所在，并按照轻重缓急的顺序去解决问题。

绝望的行为：把方案 B 当作救命稻草

你希望方案 B 能解决家里的一切问题，没有例外。其实，方案 B 只是当你进行劝导或劝导无效时值得采用的解决方案而已。

无言以对："信息挖掘"阻力重重

让孩子源源不断地告诉你想要了解的信息并不总是那么简单。你希望能够仰仗第五章里学到的"挖掘"策略，当然它们的确能帮助到你。但是对于你的问题"怎么回事"孩子们的回答有时候会令你无言以对。看看下面的例子：

家长：我发现你最近总是背不过单词。怎么回事？

孩子：背单词很无聊。

家长（试图"挖掘"）：怎么会无聊呢？

孩子：就是无聊。

家长：我发现你最近总是不吃我做的晚饭。怎么回事？

孩子：我不愿意吃。

家长（试图"挖掘"）：为什么不愿意吃？

孩子：饭不好吃。

家长（仍试图"挖掘"）：好吧，那你能告诉我到底哪样菜不好吃吗？

孩子：就是不好吃。

确实有些孩子听到你针对某一问题的发问后会立刻说出他们的想法，当然如果你的孩子不在其中，你就要继续使用“挖掘”策略了。请记住，你现在所需的“挖掘”策略是“印证式倾听”。让我们来看看当将心比心遇到阻碍时如何运用这个策略吧。下面这些对话并不会告诉你方案 B 使用的全过程，它们只是告诉你坚持不懈地使用这个策略将带给你怎样的解决问题的思路。

家长：我发现你最近总是背不过单词。怎么回事？

孩子：背单词很无聊。

家长（试图“挖掘”，使用策略 2）：怎么会无聊呢？

孩子：就是无聊。

家长（可能正在看第五章里的“挖掘”策略，并决定使用策略 4）：嗯。那当你坐在桌子前背单词的时候，你当时在想什么呢？

孩子：我就想这真无聊。

家长（策略 1 和 4）：哦，你就是想着这很无聊，是吧。还想什么了？

孩子：我还想，我可能背不过第二天要考的那些概念了。

家长（策略 1）：哦，你还想，你可能背不过第二天要考的那些概念了。

孩子：我老是背不过。所以我的英语成绩总是不好。单词测验我从来没有得过高分。

家长：我之前并不了解这些问题。你可以多跟我说说……

很好，有思路了。很自然，对话从现在开始就可以继续进行了。看看另一个例子：

家长：我发现你最近总是不吃我做的晚饭。怎么回事？

孩子：饭不好吃。

家长（策略2）：那你能告诉我到底哪样不好吃吗？

孩子：就是不好吃。

家长（策略3）：知道吗？我注意到，有时候你吃我做的晚饭，有时候不吃。是不是我做的有些饭你爱吃，有些你不爱吃啊？

孩子：我爱吃炸鸡块。

家长：是的，我也发现你爱吃炸鸡块了。但是我想应该还有些东西你也爱吃吧。

孩子：比如说？

家长：比如说意大利面。

孩子：哦，是的，意大利面。但是我只爱吃黄油拌意大利面，不爱吃加红酱（红酱：由大蒜、奶酪和腌制番茄制成的浇头）和肉的面。

家长：红酱和肉怎么了？

孩子：肉太让人恶心了。红酱也不好吃。

家长：我还做过什么你爱吃的饭吗？

孩子：没有了。

家长：有时候你爱吃燕麦片。

孩子：但我不爱吃加了葡萄干和坚果的燕麦片。

家长：我做的饭里有没有你特别不爱吃的？

孩子：我不爱吃蔬菜……除了土豆泥。

家长：很高兴我们找到了你爱吃的和不爱吃的。这对我们解决问题很有帮助。

盲目的怀疑：在将心比心的环节，孩子说出了她的顾虑或看法，但是你不相信她。

你的孩子初次对她的顾虑的确认和表述可能不准确，这是可以理解的，因为在你询问她之前，她可能还没有认真思考过那些顾虑。但是很多父母就因此武断地认为，孩子说的顾虑是错误的或者虚假的。有时候是因为她的顾虑与你之前的假设不一样而已。但是孩子的顾虑肯定不会是错误的或者虚假的。尽管需要做进一步的解释，但是她的顾虑和你自己的一样有效。例如，一些孩子可能对自己的顾虑或看法感到难为情，或者可能担心你听到之后的反应，但是那并不属于撒谎。因此，你最不应该做的就是对她的顾虑置之不理，或者直接告诉她你认为她在撒谎。那么她就不会再和你继续谈下去了。当你想要和孩子共同解决问题的时候，你真的没必要担心撒谎这个问题，就像你不必时刻防备被像傻子一样戏弄或是担心被谎言蒙骗了。如果孩子意识到他们不会有麻烦，你是真的想了解他们对某个未解决问题的顾虑、观点或看法时，他们就不会想着法编造故事了。在将心比心的环节，你不能用指责的、敌对的或咄咄逼人的语气和孩子说话：孩子不会被责罚，你也不会大发雷霆。你的语气应该充满了好奇——因为你真的是想了解孩子的情况。

如果父母认为孩子在将心比心的环节撒谎了，多数是因为家长不是针对某个具体的尚未解决的问题发问，而是针对别人看到的孩子的某种行为发问，通常这属于拷问而不是询问。就像下面这个对话（请注意家长并没有做到将心比心）。

家长：我听你们老师福尼尔小姐说你在操场上踢维克多了。

孩子：我没有。

家长：那福尼尔小姐为什么要瞎编呢？

孩子：我不知道，但她就是在瞎编。我没有踢他，是他踢我了。

家长：这和她说的不一样啊。

孩子：那就是她说的不对。

家长：她说这是她亲眼看到的。

孩子：那她就是瞎了，我根本就没有踢他。你为什么不相信我呢？

辨别孩子和福尼尔小姐的话孰真孰假确实是个大问题。但是不管怎样，弄明白一个具体事件的经过对我们来说有点本末倒置了，因为与解决孩子和维克多在操场上长期不睦的问题相比，弄清楚事情的始末就没那么重要了。

谁在乎？你的孩子说她不在乎你的顾虑，因此你对采用方案 B 的热情降到了冰点。

不要因为孩子不在乎你的顾虑而生气。说实话，你也未必真的在乎她的顾虑。好消息是，尽管她不一定有多么重视你的顾虑；但是她一定要在解决问题时将你的顾虑考虑在内，只有这样才能找到让双方都满意的解决办法。当你开始着手化解她的顾虑时，她也会随之开始化解你的顾虑。请看下面的例子：

家长：杰克逊，我发现你玩游戏的时候就不来吃晚饭了。怎么回事？

孩子：你总是在我正玩到一半的时候喊我吃饭。

家长：哦，我总是在你正玩到一半的时候喊你吃饭。很高兴你能告诉我这个。那请告诉我，你都是玩什么游戏的时候被我打断的呢？

孩子：《劲爆美式足球》。

家长：哦，《劲爆美式足球》。这个游戏你已经玩了很久了。

孩子：可我喜欢《劲爆美式足球》。

家长：我知道你喜欢。有时候你正玩到一半的时候我喊你吃饭。那你跟我说说，这个游戏暂停后你还能继续玩吗？

孩子：能。

家长：那你为什么不愿意先暂停，然后再玩呢？

孩子：过后你就不让我玩了。吃过晚饭你就让我立刻去写作业，所以我没法再继续打完游戏。

家长：现在我明白了。还有什么事情也会让你在玩游戏的时候不去吃饭吗？

孩子：没有了。

家长：好吧。但问题是，我认为我们一家人坐在一起吃晚饭真的很重要。因为一天下来我们只有在晚饭的时候才能坐在一起聊聊天。

孩子：我才不在乎是不是一家人一起吃晚饭呢。

家长：呃……好吧。我想大家是否一起吃晚饭对你来说没那么重要，而我却认为很重要。我正在考虑我们能不能一起找到一个令我们双方都满意的解决办法，能彻底解决这个问题，然后我们就不用再为此争吵了。

你在问我吗？你的孩子确实想不出任何解决办法。

希望你已经想出了解决办法。请记住，解决问题不是她一个人的事，你们双方都要参与进来：你和她。如果你的孩子确实没有什么解决办法，那你可以给她一些建议，但是不能把这些建议作为解决办法强迫她接受。换句话说，无论最后采纳了谁的建议，这个建议都必须现实可行，并能令双方都满意。

草率的收官：附和那些不现实、不能令双方都满意的解决办法。

一旦提出了一个建议，你和孩子都应该认真思考这个建议是不是真的现实可行，真的能让你们都满意。如果达不到任何一个标准，你们都要继续讨论修改建议或者考虑换一个解决办法，直到找到双方都认可的办法为止。顺便说一下，请注意不要同时讨论多个办法是否可行，这会让你们很沮丧的。一次只讨论一个，效果会更佳；如果第一个办法不现实、双方都不认可，那就要完善它，要么考虑替换它，直到找到一个现实的、能令你们双方都满意的办法为止。

漏掉某个要素：跳过某些步骤。

共同协商解决问题的三个步骤都很重要，缺一不可。如果你跳过某些步骤，那你就会漏掉某个重要的要素，当然就不能成功地找到解决办法了。

如果你跳过了将心比心这一步，你就了解不到孩子的顾虑，因此无论你想出什么办法都无法顾及这些顾虑。那些办法当然也没什么效果可言。如果你认为这听起来很像方案A，说明你可能已经上道了：

家长：从现在开始，我希望你能在曲棍球训练之前写完作业，因为如果你不这样，你就得熬夜熬到很晚才能写完作业，第二天你也就没精神上课了。你说我们怎么解决这个问题？

孩子：听起来你已经找到解决办法了。

如果你跳过了“界定问题所在”这一步——这正是表达你自己的看法的一个步骤——你就无法表达出你的看法了。

家长：我发现只要参加曲棍球训练，你晚上就会熬夜到很晚才能写完作业。怎么回事呢？

孩子：放学回家后我想休息一会，所以曲棍球训练之前我就不想写作业。因此只能晚上熬夜写作业了。

家长：好吧。

但是正如你在第五章学到的，在这一步，父母往往就会直接给孩子一个解决办法，而不是说明自己的顾虑。这样一来，方案 B 就转为方案 A 了。正如下面这个对话：

家长：我发现只要参加曲棍球训练，你晚上就会熬夜到很晚才能写完作业。怎么回事呢？

孩子：放学回家后我想休息一会，所以不想在曲棍球训练之前写作业。因此只能晚上熬夜写作业了。

家长：就是说，你放学回家后很累，所以不想在曲棍球训练之前写作业。

孩子：有时候曲棍球训练完我就很累了，所以我只能第二天早点起床写作业。有时候第二天早晨起来我还是很累，我就会在课间写作业。

家长（说出解决办法而不是顾虑）：好吧，我不想让你熬夜，也不愿意你第二天太早起床。那你必须在曲棍球训练之前写完作业。

孩子：我真的不愿意在曲棍球训练之前写作业。我放学回到家后就已经很累了，我需要时间放松！

如果你跳过了“邀请”这一步，就意味着你在进行前两步时就准备转向方案A了。如果真是这样，你的孩子将不愿意参与到方案B的前两个步骤里了。

家长：我发现只要参加曲棍球训练，你晚上就会熬夜到很晚才能写完作业。怎么回事呢？

孩子：放学回家后我想休息一会，所以曲棍球训练之前我就不想写作业。因此只能晚上熬夜写作业了。

家长：就是说，你放学回家后很累，所以不想在曲棍球训练之前写作业。

孩子：有时候曲棍球训练完我就很累了，所以我只能第二天早点起床写作业。有时候第二天早晨起来我还是很累，我就会在课间写作业。

家长（说出自己的想法）：我的想法是，我不希望你带着倦意上第二天的课。今年对你来说很重要，我希望你总能保持最佳状态。

孩子：好吧。

家长（跳过“邀请”这一步，直接说出家长的解决办法）：所以你写完作业之前不准参加曲棍球训练。

孩子：你说什么？

家长（使用方案 A 的经典理论）：我这么做都是为了你好。

孩子：愚蠢的想法，我不会照你说的做的。

家长：注意你说话的语气，小家伙……

疑问 & 解惑

Q：我如何才能知道已经准备好初次尝试方案 B 了呢？

A：如果你从没使用过方案 B，你可能永远感觉不到已经做好使用方案 B 的准备了。但是这不影响你使用方案 B，边实践边琢磨吧。

Q：我第一次使用方案 B 就像是经历了一次大灾难？哪里出错了？

A：和孩子共同协商解决问题绝对不可能像是经历了大灾难。如果事情的进展不如你希望得那么顺利，那你可能需要再读一遍本章和第五章找找原因了。但是，如果在将心比心时你了解到了孩子对于某个未解决问题的更多想法，那说明你做得非常好。如果还没有完成这一步，那也没事；毕竟还有明天，总有一天能进入下一步。如果你在“界定问题所在”时忍住了没有强加给孩子你的解决意愿，而是更明确了你的顾虑，那你做的也很棒。如果你坚持到了最后的“邀请”步骤，并且和孩子共同找到了现实可行的、令你们双方都满意的解决办法，那真是绝妙了。希望这个办法能经受得住时间的考验。如果没有经受住考验，你将会很快意识到这个问题，然后你要重新使用方案 B 找出原因所在，并再次制订比第一个更现实可行、更能令你们双方都满意的解决办法，或者找出一个能够消除你们之前都没有发现的顾虑的办法。当你觉得问题处理得当了，那就可以着手解决下一个问题了。在这个过程中，即使孩子拒绝参与，你也要试着使用一些奖励措施来激励她，说不定下一次她就愿意参与进来了。

Q：如果第一套解决办法不起作用该怎么办？

A：现实生活中第一套解决办法往往都不能解决问题，长久有效的办法总是建立在那些之前失败了的办法上的。重要的是，你得从失败的办法中吸取教训，然后再制订新办法，这样才有可能会成功。

当某个办法不起作用的时候，父母很容易就将其归责到孩子身上。记住，孩子不是制订这个办法的唯一一方，其中还有你的参与。

Q：如果我的孩子没有执行我们共同制订的解决办法怎么办？我该惩罚她吗？

A：你肯定不愿意因为一个你们共同制订的解决办法而去惩罚她。如果你的孩子没有执行她之前同意的办法，这就表明这个办法并不像一开始那样看着现实可行、令你们双方都满意。这不代表失败，只是提醒你第一套解决办法解决不了问题。如果你们一方或双方都不能履行你们各自的义务，那就重新使用方案 B 再一起制订一个更现实的解决方法。如果这个办法解决不了你们一方或双方的顾虑，那就重新使用方案 B 再一起制订一个能解决你们双方顾虑的办法。顺便说一下，第一套解决办法只能解决你们在“将心比心”和“界定问题所在”这两步表述出来的顾虑，解决不了你们没有说出来的顾虑。回到方案 B 中看看是否还有你们没有表明的顾虑。惩罚并不会使孩子去执行一个不现实、满足不了双方顾虑的方法，也不可能让她愿意重新使用方案 B 去解决问题。

Q：我应该百分之百地坚定地执行一个解决方法吗？如果我做不到，是不是说明这个办法不具有现实性或者仅仅说明需要孩子一起去执行呢？

A：我不确定谁会百分之百地完全依赖某些解决方法。但是你肯定希望这个办法能够尽可能多地解决它所针对的问题。如果解决不了，那就重新使用方案 B 找到原因并去完善这个办法。

Q：我应该去强制执行这些解决办法吗？

A：那你就是把在方案 A 中扮演的角色杂糅到方案 B 中你应该扮演的角色里了。方案 B 中，你和孩子是共同制订解决方法的，并且你们都努力确保这个办法能顺利解决问题，因此，如果你强制执行你单方面提出的解决方法，那你就永远也解决不了任何问题。

Q：我一直要求孩子为她犯的错误道歉，这能解决问题吗？

A：强迫孩子道歉并不能解决任何问题。再说了，你这是让孩子为了她的某种行为而道歉，而你真正应该关注的是和孩子共同解决导致她这个行为的问题。道歉并不能解决这些问题。

Q：你同意我要求孩子为她的行为做出补偿吗？

A：或许你可以和孩子谈谈做出怎样的补偿才有助于她认识到她的行为对别人造成的伤害。但是和道歉一样，补偿并不能解决引发伤害行为的问题，因此解决问题仍然是重中之重。

Q：在上一章最后提到的故事里，解决办法就是要求孩子记得做一些之前没有做过的事情。但是如果孩子有时候记不住这些事情该怎么办？我能适时地提醒她吗？

A：如果你认为你的孩子完全会按照你们之前达成的共识去做，只是有时候会忘记一些事情，那你的提醒肯定是有利无害的。但是如果提醒变成了唠叨，那说明你们共同制订的解决办法不可行，需要你们去重新审视并修正。

Q：我无法在问题出现的一刹那就决定究竟该利用哪个方案。是什么地方出错了吗？

A：嗯，你不应该在问题出现的第一时间决定采用哪种方案。你应该事先决定好哪些问题是你当时要去解决的，哪些问题当时还不用解决。因此你不必非得那么快决定使用哪种方案。

Q：是这么个理，但是如果突然冒出来一个问题，是不是应该使用方案 B 去解决呢？又该怎么解决呢？

A：一般这种突发状况是很少发生的，当然紧急情况下是应该使用方案 B。你没必要把这个作为你的习惯做法。方案 B 的紧急模式和积极模式的区别就在于使用的时机和将心比心环节里使用的语言。紧急模式不会像积极模式一样以引出问题作为谈话的开头，因为问题已经出现了，不用你再去引出来了。所以你就可以直接使用“印证式倾听”的策略。下面就是一些例子：

孩子：我今天不想参加曲棍球训练了。

家长：你今天不想参加曲棍球训练了。怎么回事呢？

孩子：我今天不想去上学。我得休息下我的大脑。

家长：你今天不想去上学。怎么回事呢？

孩子：我今天写不完作业了！

家长：你今天写不完作业了。怎么回事呢？

当然，接下来你就要非常明确地了解孩子的顾虑、观点和态度。然后就可以继续进入后面两个步骤了。

Q：那么，如果在初次尝试的时候我完不成这三个步骤，可以吗？

A：当然可以。你永远不会知道在将心比心这一步你能得到多少信息，因此你也不知道多久才能进入下一步。共同解决问题需要一个过程，而且这个过程需要多长时间也是未知的。

Q：我一开始是和女儿一起使用方案 B 的，而且她确实和我聊起来了。事实上，她聊了很多，而我逐渐被听到的所有信息和需要解决的所有问题给压垮了。现在该怎么办呢？

A：确实是这样的，有时候方案 B 一旦打开了信息的闸门，你会发现需要解决的问题远比你列在清单里的问题多得多。尽管这些问题令人抓狂，但知道这些问题的存在终究是一件好事。你的目标就是把这些新的问题添加到问题清单上，可能你还得重新按照轻重缓急排列问题，然后继续一次只解决一个问题。如果在将心比心这一步里，你的孩子提供了大量的信息，那你就问问她，你能否把这些问题都记下来，因为你不想丢掉任何一个问题。

Q：听起来好像我再也不能说“因为我说了算”这话了。是吗？

A：这句话确实对你和孩子针对影响她生活的问题去共同制订长久的、令双方都满意的解决方法没什么好处。

Q：但是我还能制订约束条款的，是吗？

A：记住，你是通过表达期望并努力让孩子去满足你的期望来制订约束条款的。例如，如果你希望孩子能和家人一起吃饭而不是边看电视边吃饭，希望她能把房间打扫干净，希望她在适当的时间上床睡觉，希望在宵禁前赶回家，希望她努力学习、按时到校，希望她不在喝酒或吸毒后开车，那么你就是在制订约束条款。

但是如果你的孩子无法满足你的期望，你就有问题要解决了。在这一点上，“制订约束条款”就等于“解决问题”。正如你所知，如果你使用方案 A 解决问题，你不光是在单方面寻求解决办法，而且还关闭了去理解和处理孩子的顾虑的大门，增加了敌对性交流的可能性，开始把解决方法直接强加到孩子身上，这样无法长久、彻底地解决问题。当你使用方案 B 的时候，你了解了孩子遇到的阻力，减少了敌对性交流的可能性，和孩子一起寻找现实可行的、能令你们双方都满意的解决方法，这样就能彻底长久地解决问题。你可以通过以上任何一种方式去制订约束条款，二者的区别就在于哪种方式更有利于建立有效的合作伙伴关系罢了。

Q：我一直是让孩子签订协议，就是你知道的，那种我明确了我的期望、孩子也同意去满足这些期望而且还会为之得到奖励的协议。这样不好吗？

A：这是一个非常安全的赌注，说明你的孩子已经非常清楚你对他的期望了，因此你也就不用让他签什么协议了。如果孩子满足不了某些期望，说明他遇到了困难，那么签订协议或者给予奖励都无法帮你找到困难或者排除困难。因此还是有信息需要去收集、有问题需要去解决，而协议绝不可能帮你完成任何一件事。

Q：方案 B 是一种消极的做法吗？

A：方案 B 一点也不消极，反而是一种非常积极主动的为人父母之道。许多家长认为积极主动就是严厉、惩罚。现在你应该对这一概念有更多的了解了吧。还有一些家长认为方案 B 代表“软弱”，而父母强制孩子接受解决办法代表“强大”。但是和孩子一道解决影响他生活的问题与“软弱”或“强大”无关，它只与“什么能解决问题”有关。

Q：但是方案 B 能让孩子知道我不认同她的一些行为吗？

A：当然可以。你在“界定问题所在”里就明确告诉她你对不认同她的那些行为的顾虑。而且要在“邀请”环节里化解你的顾虑。但是还是要记住她的一些动作或行为都是某个具体的未解决的问题的附属品，方案 B

关注的焦点是这些问题而不是她的行为。

Q：如果我总是能够和孩子合作制订出我们双方都满意的解决方法，是不是暗示着她将明白如果她愿意她就只需要按照我的期望行事就可以了？可是在现实生活中，她肯定还得做一些她不想做的事情。

A：你的孩子已经在满足她不愿意去满足的期望了。比如，她可能并不总愿意写作业（但是可能她还是写了），她不总是愿意复习功课准备考试（但是可能她正在复习功课呢），或者她并不总爱吃你做的晚饭（但是最后还是吃了）。所以你和孩子一起解决的是那些她难以达成的期望。

Q：如果我和她说起一个顾虑时，她的回答是“因为我不喜欢”，该怎么办？

A：那你就开始不断地询问直到弄懂她的真正意思为止。然后和她一起找出能够顾及她的顾虑的解决方法。

Q：所以说，方案B并不算是一个巧妙的方式，它不一定能让孩子按照我说的去做，是吗？

A：对的。方案B称不上巧妙，它只是一种努力和孩子共同找出解决方法的方案。

Q：当我正和孩子一起解决问题的时候，我总觉得她能看穿我的意图。

A：那真是太棒了。因为共同解决问题本来就是一个透明的无保留的过程。使用方案B的目的并不是诱导孩子按照你的方式去做事情。如果孩子明白你在努力地了解并理解她对一个未解决问题的顾虑、想法或态度的话，她自然也就理解了你的顾虑或看法，这样你们两个就可以一起去寻找现实可行的、令你们双方都满意的解决方法，当然也就谈不上看穿或不看穿了。

Q：方案 B 是不是我了解孩子对于某个特殊问题的顾虑、想法或态度的唯一途径呢？

A：你可以随时和孩子聊聊，特别是她对除了未解决问题之外的其他不同话题的观点。你也可以说说你对这些话题的看法，而不是把你的意愿强加给孩子，或者坚持要求孩子接受你的观点，或者对她的观点置之不理，甚至品头论足。

Q：你认为方案 A 算不上是培养孩子性格，或帮孩子提高应对挫折能力的一个好办法，是吗？

A：如果你是指孩子遇到挫折后重新振作的能力的话，我确实不认为方案 A 能起多大作用。但是我确定方案 B 肯定可以。你的孩子不需要你去为她制造挫折，生活会替你做。孩子需要的是你教会她遇到挫折后如何振作起来。而且正如你所读到的，还有其他很多性格特征是你迫切想让孩子具备的，如同情心、为他人着想、诚实、接纳别人的观点、和平处理分歧等，方案 A 对此肯定是不起任何作用的，但是方案 B 倒是能帮到你。再提醒一次，第九章会介绍更多这方面的内容。

Q：你能再详细说说"零假设"的生活方式吗？

A：当然可以。"零假设"的生活就是，你假设孩子遇到什么问题，然后以**最快**的速度将其解决掉。正如你之前读到的，家长最擅长的就是自以为很清楚孩子的问题，然后根据自己的假设制订出一些解决办法。当然如果这些假设都是错误的，那依此而制订的解决办法自然也就毫无意义了。当你愿意放弃这些假设的时候，你自然可以很轻松地找出孩子的问题所在。方案 B 的好处就在于，它给你提供了除了假设之外的另一个选择：询问。

汉克家

尝试使用方案 B 先解决孩子之间的问题

丹尼斯准备和汉克继续完成他们之前的简短的对话。她决定只说他和妹妹相处不好的事情（不会涉及他和尼克也相处不好的事情）。她故意让尼克和夏洛特去看电视，而她自己则和汉克坐在餐桌旁。“我知道你不愿意和我说。”丹尼斯挑起了话题，而汉克就像一个旁观者一样坐在一旁。

“那你为什么还非得让我说？”汉克说。

“我并不是非得逼你说什么。但是有时候我很不喜欢咱们对待家人的方式，我需要你帮我改善一下咱们的关系。”

汉克转了转眼珠子。

“那我们能谈谈你和妹妹相处不好的事情吗？”

“为什么不去和她说？”

“我会和她说的。”丹尼斯回答，“但是我想先听听你的想法。”

“我已经告诉过你了。我的想法就是她太烦人了。”

“是的，我记得你说过。”丹尼斯说，“但是我不是很明白你的意思。”

汉克叹了一口气：“她总是不经过我的允许就进入我的房间。她有自己的卧室，而我不得不和伊戈莫分享一个卧室。”汉克给他弟弟起了一个很难听的外号。“我是家里最大的。但为什么那个小丫头能独占一个房间呢？”

丹尼斯忍不住想告诉汉克这个问题她回答过上百次了，但是她还是忍住了，决定继续问下去：“哦，她不经过你的允许就进入你的房间。她有自己的卧室，你觉得你是家里最大的孩子，你也得有自己的卧室？”

“没错。”

“那还有其他什么原因使你们相处不愉快吗？”

“她总是看一些幼稚的电视节目，如果我要看我喜欢的节目她就会在一旁耍疯。而且她知道如果她大喊大叫起来你一定会向着她的。”

“汉克，你介意我把这些话都记下来吗？”丹尼斯问他，“我是说，我已经了解了大部分事情了，但是不想漏掉任何一件事。”

“你是了解了大部分事情了！但是你什么也没有做啊！这就是为什么我认为这样的谈话毫无意义。”

“其实我试着做了一些事情，只是没起什么作用。我没有帮你们解决问题主要是因为我不知道怎么解决。但是请你再给我一次机会。很明显，你对现在的情况非常不满意。我也很不满意。而且我认为尼克和夏洛特也不满意。因此我觉得我们别无选择，只能努力去解决这些问题。”

“好吧，既然你什么也没做，那只能我去做了。”汉克说。

“你什么意思？”

“如果他们再来烦我，我就去烦他们。而且我会让他们更难受。”

“是的，你有你的办法。我现在也明白你的想法了。但是我认为你的办法解决不了任何问题，只会让大家继续互相折磨，互相打扰。”

“那就适者生存喽。”汉克引用了他最喜欢的名言。

“我觉得还有更好的解决办法，”丹尼斯说，“我们接着说夏洛特是怎么烦你的，好吗？”

“我们已经说过了。”汉克回答。

“那如果我们解决了夏洛特的问题，你觉得你能和她好好相处吗？”

“当然没问题，”汉克说，“但是我觉得你解决不了。”

“你看，事情是这样的。我们都觉得应该由我来解决这些问题。这样我就变成调解员了。我讨厌当调解员，而且我也不擅长调解。可我还必须得帮你们解决你们之间的问题。我是能解决了这些问题的，但我一个人做不到，我需要你的帮助。”

“那夏洛特呢？”

“我当然也需要夏洛特的帮助。我这不是先和你说嘛。先看看我总结的问题全不全。她不经过你的同意就进入你的房间。这是我们需要解决的一个问题。你觉得你是家里的老大，你就得有自己的卧室，这是另一个问题。她总是霸着电视，你就看不了你喜欢的节目了。全了吗？”

“嗯。”汉克嘟囔着。

“那我们先解决哪个呢？”

“哪个也解决不了。这毫无意义。”

“嗯，可能吧。但是你想先解决哪个问题？”

“电视。”

“那就多跟我说说电视的问题吧。”丹尼斯针对这个具体的问题回到了“将心比心”的环节。

“她好像有数不清的电视节目要看。而且那些节目真的很傻，还都是我不爱看的。而且她知道你总是偏袒她，所以除了她睡觉，或者去朋友家玩，或者做其他什么事，我几乎都没法看我想看的节目。”

“明白了。你的顾虑在于，因为夏洛特霸占了电视，而且我还总偏袒她，所以你根本没机会看你想看的电视节目。”

“是的。”

“你想听听我的顾虑吗？”

“如果我非听不可的话。”

“我的顾虑是，当你想看电视的时候，你就会欺负她。”

“如果你不再偏袒她，我也就不会欺负她了！”

“请让我把话说完。我知道这是你的想法。但我是不会让你欺负她的。你比她大很多，有时候你会伤到她的。而且你以大欺小，这对她很不公平。她会很难过的。你明白吗？”

“随她怎么想。”

“那我们现在要做的就是，找到一个能顾及我们双方的顾虑的解决办法，也就是我不会让你再做让妹妹难受的事情，你也能看到你想看的电视节目。”

“那什么办法呢？”汉克问。

“我还不知道，”丹尼斯回答，“我得接着去找夏洛特谈谈，听听她的顾虑。然后我，你，她，我们三个一起想能让我们都满意的解决办法。记着，不是我，而是我们。”

“我们一起？”

“我们现在不是正在一起想办法吗？”

你可以用方案 B 解决孩子之间的问题，而不是家长和孩子之间的问题

吗？是的，你可以。但是正如你所读到的，一开始这看起来有点像“穿梭外交（指国家元首拒绝直接对话的国家之间解决争端的外交方式）”，因为让孩子们坐在一起解决问题之前，这是了解他们顾虑的最佳方式。而且这样你也不用当调解员了，并且，这样也能让孩子明白，你只是在引导他们去解决问题，不是替他们解决问题。

泰勒家

深夜交谈，和妻子就孩子的问题进行讨论，感受妻子的焦虑

丹半夜里醒来了，因为他感觉到克莉丝汀没有在他身边躺着。他伸手摸了摸，确定克莉丝汀确实没在床上。在他试图搞清楚状况的时候，他感觉到克莉丝汀正在黑暗中踱步。

“克莉丝汀？”

“嗯。”

“你干什么呢？”

“遛达呢。”

丹起身靠在枕头上：“为什么遛达？”

“睡不着。”

“因为泰勒吗？”这是肯定的，因为泰勒是克莉丝汀的重中之重。

“是泰勒。”克莉丝汀证实。

“快回来睡觉。不能为了她把你折磨成这样。”

“我知道，可我忍不住。”

“你正想什么呢？”

“什么都想。”

“具体是？”

“说出来也没用。”

“快点，跟我说说。”丹坐起来，拍着床让克莉丝汀坐在床上。

“她睡眠不足。我知道她还没开始写文学课的期末论文呢。她大学入学考试也没准备好。一天到晚我都不知道她在哪里。我希望她能上一所好大学，我希望她开心，我希望和她好好相处。”克莉丝汀伤心地坐到床上。

“我明白。”

“你替戴维和朱莉想过这些吗？”克莉丝汀问道，她是指丹和前妻生的两个孩子。

尽管还没完全睡醒，丹还是小心翼翼地斟酌每一个字：“嗯，有时也会想。但是不像你这样为泰勒操这么多的心。”

“所以说我是什么样的？”

“你有点太关心她了。我觉得你有点过了。你不能因为太过于关心她而把自己逼疯。她没什么问题啊，只是慢慢地学会独立了。这是她这个年龄应该有的表现。”

“我知道她这么做很正常。我就是觉得和大多数孩子相比，她的这种行为是不是出现得太早了。我接受不了。我就是想控制她。”

“你就是希望一切都如你所愿，”丹说，“但问题是，泰勒不是一个愿意‘如你所愿’的孩子。她有她自己的想法，而且会按照自己的意愿成长的。”

“是的，但是这并不表示她可以不接我的电话啊。”

“我觉得我们需要换个角度看待她，”丹故意说“我们”，而不是“你”，他想试试这样说，克莉丝汀会不会更愿意接受他的建议。当然没起任何作用。

“其实你是在说‘我’，对吗？”克莉丝汀反问道，“她爱你，你从没有和她说过‘不’。”

“我想说的是‘我们’，”丹回答，“如果我们意见统一了，那问题就好解决了。”

“你肯定是不会站到我这边的，因此我们先来弄清楚到底听我俩谁的。”

“我们能不能心平气和地说，不吵架呢？”丹问。

“好吧，按你说的做。我就任由她摆布吧。”

“我不是说让你任由她摆布。你这么认为，是因为你设置了一个你自己都不愿接受的底线，用我们的法律术语这叫作‘底牌’。任何一个优秀的律师都能逼我亮出底牌。所以，你没有必要非得完全顺从她或是完全否定她，因为这样只会让她用同样的方式对待你。”

“可我不知道还能怎么做。”

丹想了想。“很久以前，我们在朱莉身上也遇到了同样的问题，”他是说她的大女儿，“我们带她看了几次心理医生。医生教给我们如何在不引发冲突的情况下和她一起解决问题。”

“哼，真幸运我们也要带泰勒看心理医生了！”克莉丝汀对此嗤之以鼻，“你知道我读了多少育儿书籍了吗？”

“我不是说我们得去看心理医生。我只是觉得，在朱莉的事情上我学到了一些东西，这些可能有助于解决泰勒的问题。这么说吧，我其实无意识地把我从朱莉身上学到的东西用到了泰勒身上。”

克莉丝汀并不买账：“反正我不能让她来摆布我。”

“这并不是说让她来摆布你，而是说父母应该如何与孩子交流，如何倾听他们的心声，如何同他们一起解决问题。”

克莉丝汀似乎对谈话感到很厌烦了：“我已经听烦了你说我对泰勒做的全都是错的话，你对朱莉做的事情全都是对的，而且泰勒有这些问题全都怨我。”

克莉丝汀已经躺在床上了。这个深夜交流终于结束了，丹很高兴。但是他还是忍不住跟克莉丝汀说：“泰勒的问题并不是全都怨你。不只是她，这是我们要共同面对的问题。我想我们应该一起去解决这些问题。”

当然我们都会为孩子担心，毕竟他们是我们的孩子。而且，毫无疑问，不同的家长都会因为未解决的问题而倍感焦虑。如果你认为我们应该进一步讨论这些焦虑，那就接着看下一页吧。

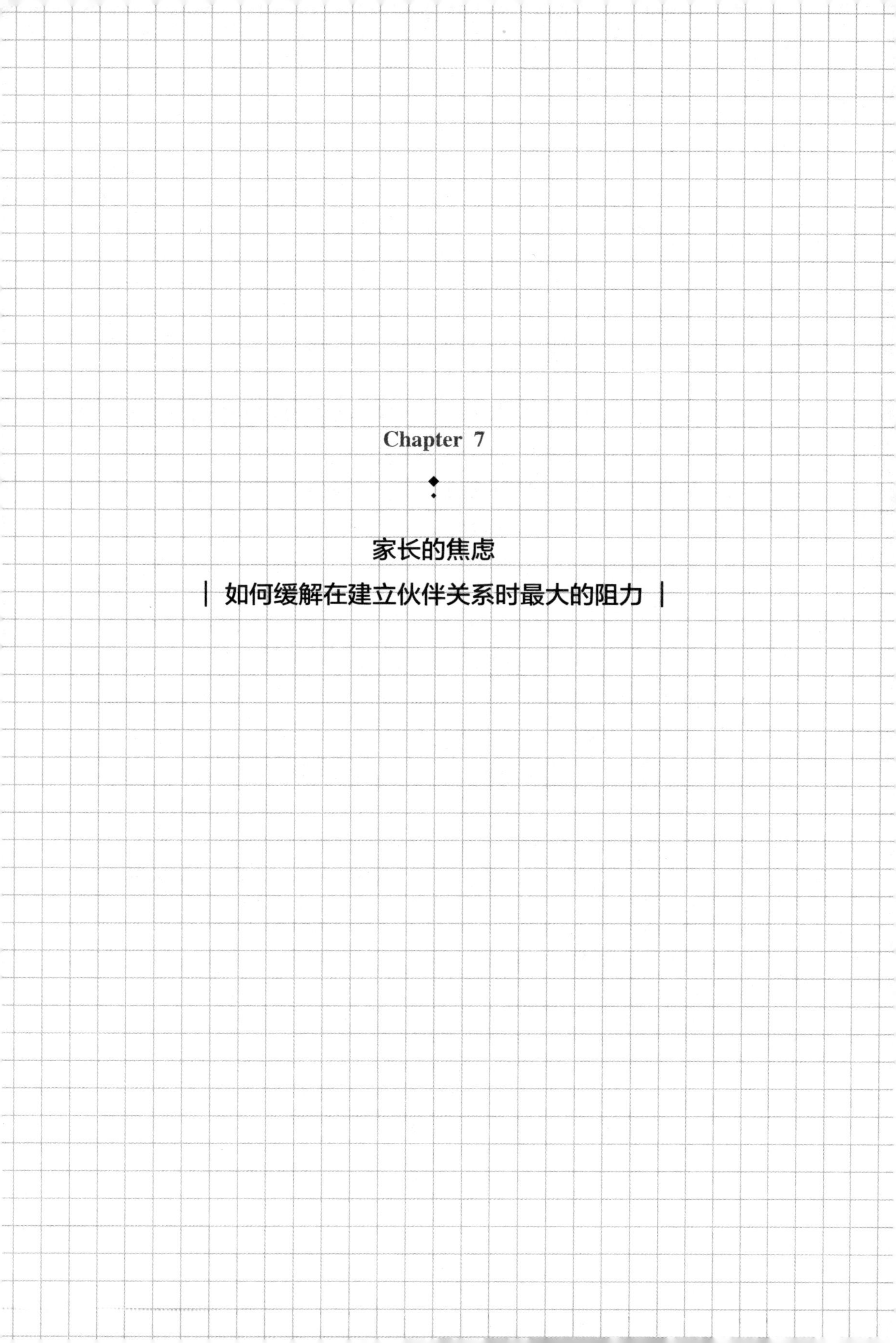

Chapter 7

家长的焦虑

| 如何缓解在建立伙伴关系时最大的阻力 |

在这本书前几章里，我们讨论了你在孩子生命中扮演的角色，以及为了胜任这个角色进行的选择，当然，这里我们特别强调的是，你作为孩子的合作者的角色。然后你学到了如何和孩子共同解决问题，并且在上一章了解到解决问题的时候你遇到的潜在的阻力。现在我们要进一步说说这些阻力，因为这章要重点介绍你和孩子建立伙伴关系的过程中遇到的最大的阻力之一：你的焦虑。

你非常重视为人父母的这份工作，而且你很关心孩子的未来，这很好。你不希望孩子重蹈你的覆辙，也不希望他做一些会对他个人或他的将来造成无法弥补的伤害的事情，这也不错。但是如果这些担心完全主导了你的生活，那它们就会蒙蔽你的双眼，使你在处理孩子的问题上只见树木不见森林，也就是说你的行为会很偏激，对孩子要么管得太紧，要么逼得太急。因此你就像易燃的干柴一样，随时会火冒三丈，做出过激的反应。你的判断也会因此受到影响，以至于总想着第一时间把问题处理好，其实这是完全没有必要的。否则，最终的结果很可能就是你把处理孩子问题的这趟快车又开回到了“专制王国”里。

到底是什么令你如此焦虑不安呢？

● *总觉得孩子越来越差劲，抓不住机会，或者无法满足你对他的期望。*

- 总觉得孩子会令你难堪，或者他无法满足你对他的期望会让人感觉你很糟糕，或你没有尽到养育之责。

- 总觉得无论你多么努力，事情都不会如你所愿向好的方面发展。

因为你时刻把自己和孩子绑定在一起，所以孩子的行为会很大程度上左右你对生活的看法。例如，他就读高中投资的俱乐部（美国高中的社团之一，给学生提供分析和掌握复杂的全球金融市场的独特机会）遥遥领先于其他学校，你就洋洋自得；他七年级时数学成绩不及格，你视之为灾难；他没有被大学录取，你认为他一无是处；他六岁的时候没有养成良好的学习习惯，你认为这就是灭顶之灾；最好现在就处理好所有的问题，否则等他十八岁的时候一切都将无法挽回了。

但是正如我们之前确认过的，你的家长角色并不是决定孩子做什么或者如何做好事情的唯一因素。你不是唯一能影响孩子生活的因素，而且你的基因会以各种形式呈现在孩子身上，你的孩子由多种影响因子控制，也就是说，他是各种要素共同作用下的产物，并且大部分要素（哪怕是其中一种要素）都与你无关，或根本不受你控制。因此，对一些父母来说，这种责任的分散更像是一种解脱。但对于那些可能还活在自认为能够完全掌控孩子的一切的假象里的父母来说，他们会认为，只要奋力夸大自己的能力，他们就能战胜一切喧嚣来控制孩子——但是这只会带来更多的焦虑。

当然，如果孩子的行为正在引起你或其他家长的不安，那你就要发挥你的影响力去引导孩子。而且你现在也知道应该怎么引导了。但是尤其是当一些未被满足的期望让你感到失望，或者当你担心孩子会变得越来越差，或者他难以满足你的诸多期望，或者因无法立刻扭转局面让你变得难堪的时候，你就会走上“发挥你的影响力”的极端的道路上，也就是说，你觉得应该立刻、坚决果断地把孩子带回正道上。所以，往往很多父母在这个时候就会义无反顾地回到方案 A 的老路上来。

不仅仅是父母，人类都会因为无能为力而倍感焦虑：可望而不可即，可遇而不可求。当感到无能为力时，我们经常会使用强权。但是使用的强权越多，无力感就会越强。

但是作为父母，你是不会感到无能为力的，因为你有一个强有力的助手：方案 B。无须借用权力就能影响到孩子，你的这个认知本身就非常……嗯，非常有力了。它能帮你恢复理智，坚定自己的看法。它也将助你保持平衡。

保持什么平衡呢？就是保持孩子的技能、喜好、信仰、价值观、人格特质、人生目标及方向与你的人生经历、智慧和价值观的平衡。保持平衡可不是容易的事，因为它是很难完美的，但是“难做”总比无能为力“做不了”好吧。

意志坚定有助于控制自己的焦虑。下面的这些提醒可能会对你有所帮助：

- 孩子需要有能够验证他成长过程中的新的身份或角色的自由，并且不会因为期间要做出一些改善或调整而感到这个身份验证是彻头彻尾的灾难。如果你允许孩子这么做，那你就是个合格的家长。如果你对此反应过度或者管得太多，那孩子就失去了成长的空间。

- 孩子也需要犯错误并从中吸取教训的空间。如果你允许孩子这么做，那你也是个合格的家长。但是如果你总是对他严加管束，或者在他独立品读这个世界时指手画脚，那他就会小心行事以防犯错，这样他也就失去了从错误中吸取教训的机会了。

- 孩子也需要有独立驾驶人生这艘大船摆脱暴风骤雨的机会。而且他需要有你在一旁密切关注他的努力。如果你的关注不够密切，他就会厌烦自己一次又一次的尝试，并最终放弃所有努力。但是如果你一看到他遭遇风浪就立刻给他救生衣，那他永远也学不会游泳。因此，如果他常常能够摆正人生之船，那你就可以相信他的能力了。他可能有很不错的独立驾船摆脱风浪的记录，当然，尽管你对他无法摆脱风浪的记忆可能更鲜明一些，但是如果能够时常回味他的成功历程，那将会是很不错的回忆。

● 孩子还需要你具备在他无法自己摆正航船的时候能助他一臂之力的能力。那就是方案 B。如果你过分依靠方案 A 去摆正航向，那你就失去了一个解决问题的伙伴，你也将面临更多的冲突。

但是孩子和家长之间发生冲突不是很正常的吗？

如果“正常”意味着“常态”，那么这个问题的答案就是肯定的了。如果“正常”意味着“必须”，那答案就是否定的。你和孩子之间的冲突并不是一定要发生的，也不是不能避免的。你和孩子并不是生来就是敌对的关系。现在你应该很熟悉导致家长－孩子之间的冲突的药引了：

- 把所有未被满足的期望都倒进一个锅里。
- 边搅拌边从中找出双方的顾虑。
- 加入双方针锋相对的解决方案（权力斗争）继续搅拌。
- 加入少量（或更多）的父母的焦虑使之更加可口。
- 加入强制性解决方法直到煮沸（方案 A）。

但是如果你正同孩子一起解决问题，那就要改改这个配方了。顺便说一下，加入一点父母的焦虑也是件好事，它可以让你时刻保持警惕，随时提醒你有问题需要解决。但过多的焦虑则会让你方寸大乱，做出的决定也往往会弄巧成拙。父母稍感沮丧也不是件坏事，因为你的沮丧表明有些期望是孩子难以实现的，需要你去进一步了解其中的原因。然而过多的沮丧也会使你做出过激的反应。当然，也有一些父母的做法与之大相径庭，孩子满足不了他们的期望，他们就听之任之，不作任何干预。这当然和反应过度一样解决不了任何问题。**和孩子表现出的行为一样，你的焦虑和沮丧也都表示有问题需要你去解决。**

我这几个孩子刚出生时，尤其是老大，他们一发烧我就手足无措，焦虑异常。我总是担心如果孩子烧坏了怎么办？如果我不立即带她看儿科医生我是不是很失职？一个称职的家长是这么做的吗？如果我耽误了医治造成更严重的后果该怎么办？于是，一刻也不敢延误，我带着她冲到了儿科医生面前。每当听到医生说最近确实有一些流行性病毒，而我的女儿正是被其中一种或几种传染了，最多三天就能恢复之类的话，我就倍感安心。现在我很少焦虑，也有精力关注女儿的需求，给她更多的关爱了。时间久了，我也有些心得。第一，我不再像以前一样孩子一发烧就给她吃泰诺（酚麻美敏混悬液，治疗小儿流行性感冒）了。发烧是件好事，说明女儿的免疫系统得到了完善，完全可以抵抗某一种病毒了。热度最终会退的，呕吐也会停止，孩子自然也会痊愈。如果我发现不用药物孩子的感冒好不了，或者还有其他更严重的症状，我就会密切观察她的病情以确定她是否得到了必需的额外诊治。当然，最重要的心得在于，我明白了控制孩子或者过度干预孩子都算不上是爱孩子。

这同样适用于解决孩子成长过程中遇到的其他方面的问题。

表明你过度焦虑的迹象都有哪些呢？

- 如果你满脑子里都是孩子，不停地想他表现如何，想他生活中会遇到什么问题。

● 如果你因为一些日常的琐事而失眠。

● 如果你经常对孩子大吼大叫。

● 如果你发现自己必须通过反复的甚至有些过分的改正、引导、教诲、批评才能使事态好转。

● 如果你不停地询问孩子生活中的每一个细节。

那这本书介绍的方法将如何帮你保持坚定的立场呢?

● 首先，这个方法更新了你看待问题的角度：孩子只要有能力，就会表现好——如果孩子有能力表现好，他肯定就会越来越好，毕竟表现好是我们所期待的。所以，当你因为焦虑而感到沮丧的时候，或者打算强制孩子接受你的解决方式的时候，这不失为一个使你释放压力或帮你更有效地解决问题的好办法。

● 其次，这个方法给你提供了新的问题解决方案。你需要的是提前找出问题，并按照轻重缓急安排好待解决问题的次序，所以你不要试图一次就把所有的问题都解决了，也不能在问题发生之时匆忙去找解决方法。因此，当你掌握了一个具体的、积极的解决问题的方法后，你就不会有那么多的挫败感了。

● 再次，当你尝到方案B带给你的成就感后，你就再也不会因为孩子满足不了你的期望而抓狂了，因为你有信心和孩子一起把这些问题都解决掉。对，是一起。方案A不会带给你这些信心的。而且使用方案A的时候你是单枪匹马去解决问题，也解决不了任何问题。而使用方案B的时候你的压力会小很多，因为你不需要独自扛起所有问题，你的队友会和你一起去面对一切。

● 方案B也可以确保你能从孩子那里得到足够的信息以了解他的顾虑和他遇到的困难。当然他也能从你那得到同样的信息。这样你们都能听到彼此的心声。当孩子参与到解决问题之中时，他的灵活性和处理问题的能力会让你倍感欣慰。

● 方案B还可以使你免受确定谁是谁非之苦。你不用再费尽心思去想解决方案，也不用害怕会引起更大的争吵，或者还得费力去强迫孩子顺从于你，你只需要和孩子一起找出一个现实可行并能令你们双方都满意的解决办法来就行了。你们之间也不会再有无休止的冲突了，因为你们将要携手去面对问题。

● 当你不再和孩子起冲突了，你就有更大的自由和空间去了解孩子的技能、喜好、信仰、价值观、人格特质、人生的目标及方向了。对孩子的新的认知也会令你感触颇深，尽管这可能偏离了你最初的计划。当孩子不再和你起冲突了，他也拥有更大的自由和空间去了解你的人生经历、智慧和价值观。你可以借此机会把这些都传授给他，而且这样可以更容易帮你调整思路。

● 你新学到的这个方法可以放慢你解决问题的脚步，并帮你以一个更客观的心态去看待问题。如果你和孩子能够顺利地使用方案B，你就不必非得“立刻解决问题”了！你也会逐渐认识到事情没你想象得那么糟糕，而且你还有更多的时间去解决问题。

● 这个新方法还可以帮你专注于你作为家长的目标所在。你是要帮助孩子认识自己同时施展你的影响力。你是要顺利和孩子沟通。你是要培养良好的亲子关系。最重要的是，你是要培养一个人，是要塑造最值得敬佩的人类品格，而不是塑造令你们双方都不满意的性格。

● 这个新方法还可以使你避免使用会起反作用的交流模式，这个模式使你和孩子很难静下来倾听并澄清彼此的顾虑，还会增加爆发矛盾的可能性。

下面有一些例子：

揣测：这是指你和孩子去猜想彼此的动机和想法：

克莉丝汀：泰勒不告诉我们她在哪儿，或者不接我们的电话，是因为她在做一些不想我们知道的事情。

人们去猜测彼此的想法这是再正常不过的事情了，但问题是我们经常会猜错，并且我们并不认为我们错了。因此我们不去试图了解孩子，而是根据猜测去对待孩子。方案 B 的“将心比心”则是了解孩子真正想法的最有效的方式。你不可能成为一个伟大的“读心”者，但是如果稍加实践，哪怕只是得到了孩子的一点点信息，你就能游刃有余地完成这个步骤。

并不是只有家长热衷于揣测孩子，孩子也会这么做：

泰勒：你总是给我打电话就是想控制我的人生。

孩子更热衷于揣测也不是个好现象。能够让他更好地了解你的顾虑的方法就是“界定问题所在”。

问题灾难化：这是指家长极大地夸张孩子目前的行为会对他的将来造成的不良影响。

克莉丝汀：那好，你就别接电话，你就毁了自己的人生吧。如果失去了上好大学的机会，那也是你咎由自取。

有一些父母——尤其是认为孩子没有认真听自己的顾虑的父母——经常夸大自己的顾虑，因为他们误认为只有这样才能让孩子明白自己的顾虑。但是正如你之前读到的，如果孩子的顾虑得到了倾听、印证、解决，那他们也就更愿意去了解你的顾虑，去设身处地地为你考虑，所以你也没必要夸大自己的顾虑。而且如果你和孩子变成了伙伴关系，你的顾虑也就会自然而然地得到解决。

打断：经常有一些父母担心自己的顾虑得不到倾听和解决，就在孩子表述顾虑时打断孩子。可是你打断孩子的话，孩子也会打断你的话；你嗓门大，孩子会比你的嗓门还大。但是当你在使用方案 B 的时候，哪怕是刚刚开始，你就会发现你的顾虑肯定能得到倾听和解决。

方案 B 的好处之一就是，安排好了信息的传递方向和解决问题的流程。将心比心中不会讨论家长的顾虑，“界定问题所在”中不会讨论孩子的顾虑。双方的顾虑都有同等效力，所以谁也不用去说服对方。所有的顾虑都能得到表达，也没必要去打断对方。

你是不是依然担心孩子会失败，会遭遇危险呢？当然这是毫无疑问的。我孩子小的时候，我也觉得我得时刻保持高度警惕以保证他们不会伤到自己。这让我很疲惫。因为即使我高度警惕，我也不能时时刻刻都保护好他们。比如，我女儿三岁的时候，我经常让她站在凳子上帮我炒鸡蛋，所以她也知道了当电炉呈橘黄色时会很烫手。但是她不知道关掉电炉几分钟后，也就是电炉不再是橘黄色，而是变成黑色时依然会非常烫。所以有一天我一眼没看到她，她就去摸电炉了。烫得她大哭了很长时间。这件事会让她铭记于心吗？虽然不十分确定，但是很明显她没记住。她很快就忘得一干二净了。（顺便说一下，我儿子也被电炉烫过手，但是因为是他奶奶看他的时候烫的，所以我不敢在这本书里说这件事。）现在我再也不用担心孩子被烫到或者骨折了，因为他们一个 15 岁，一个 18 岁，我开始担心他们其他的事情了。下一章我们会聊到这些事情的。

你的孩子有时候会让你很尴尬，是吗？肯定是的。你这样想想感觉可能会好点，你有时候也会做一些让自己很尴尬的事，每当这时候，但愿你从中吸取了教训，重新振作起来。所以不要去担心其他家长或邻居或家人如何看待你。不要和他们相比，也不要拿自己的孩子和他们的孩子做对比。要告诉自己去化解这些尴尬，要明白别人的看法只会蒙蔽你的双眼，使你不能真正地了解孩子。作为父母，你首先要关注的是孩子的成长，而且要明白成长的道路不是一帆风顺的。路上肯定会有绊脚石，而且尽管我们可能能帮孩子绕过这些石头，但是有阻碍对孩子的成长总是好的。

顺便提一下，不是只有你，而且你也不会一直遭遇尴尬。当孩子进入青春期后，他就会变成那个被你变“尴尬”的人了。

值得注意的是，方案 B 也不是万能的。你也得清楚孩子在其成长的不同阶段里容易遇到什么问题，而且要明白哪些问题更令人忧心，这些更值得家长提高警惕。当然了，这些问题还是会留在下一章做详细讨论。

? 疑问 & 解惑

Q：有时候我的孩子还是需要我的掌控的，难道不是吗？

A：有时候大概会需要吧。但是这种时候几乎不存在。

Q：所以说，方案 A 并不是能保证孩子会变好的唯一方法？

A：没有什么方法能确保你的孩子以后一定能变好，只有增加孩子以后不会出问题的可能性的办法。方案A只是能暂时缓解你的焦虑，让你觉得你的处理还算是果断，但是从长期来看，它并不能让你的焦虑减少半分，因为它把确保孩子表现良好的压力都压在你身上了。只有给孩子机会去证明不需要你的帮助，他自己也能够战胜挫折，重新振作起来，你的焦虑才能得以缓解。

Q：我非常清楚如何处理问题，并且我也希望一切都朝着对我的孩子有利的方向发展。但是我的另一半却说我的育儿方法陷入了“试图掌控一切”的怪圈里。您有什么更好的建议吗？

A：因为孩子对于“如何处理问题”的看法以及“对他有利”的定义极有可能与你的观点不一致，至少在生活的某一方面与你有分歧，所以我们可以预见你和孩子之间肯定会出现矛盾。但是养育孩子的过程充满了不确定性，你不知道也无法掌控将来会有什么样的结果出现。你能做的就是保持你对孩子的控制欲与孩子的个性之间的平衡。也就是说，你能掌控的事情就要尽职尽责地做好，不能掌控的事情就要尊重孩子的个性和需求。这就与你“朝着对孩子有利的方向发展”的希望很接近了。

Q：和孩子讨论最近我非常关心的问题的时候，我不知道能不能做到心平气和。

A：你的担心是有道理的。我们确实可以心平气和地谈论某些问题。如果你稍微有些激动，孩子也是可以接受的，他会觉得你是在关心他，但是你若过于激动，那他就无法忍受了。你知道你越感情用事，孩子越不愿意和你谈话，所以你可能想要试着控制情绪，避免过于激动。但是事实上父母之所以会情绪激动，主要是因为他们没有什么好办法去保证他们的顾虑得到了解决，所以他们就异乎严厉地表明他们的顾虑。当你和孩子逐渐意识到，方案B可以保证你们的顾虑都能得到处理，而且你们也顺利地解决了一些问题后，你们就能比较心平气和地讨论接下来的问题了。

Q：我不使用方案 B 并不仅仅是因为我的焦虑，还有时间问题，或者说，我跟本找不出时间去实践方案 B。我要工作，孩子要上学，参加棒球和曲棍球训练，要上钢琴课，要做作业，而且孩子们的日程安排都不一致，我到底什么时候使用方案 B 合适呢？

A：这些活动都很精彩，但是找时间和孩子共同解决问题对你来说才是更重要的。你得学着去挤时间。而且，你也不必非得找一个正式的时间去和孩子一起解决问题，在去参加棒球训练的路上，睡觉的时候，和孩子一起刷碗的时候等任何时间都是可以的。否则，你就会一直纠结找不到时间和解决影响他生活的问题了。这肯定也不是你想要的生活。而且你也清楚，每天重复解决相同的问题可能要比你挤时间去解决问题花费的时间还要长。

Q：为什么我非得要安排解决问题的优先顺序呢？大学并不看重我的孩子怎么解决问题，它们关注的是孩子的成绩等级、入学成绩和课外活动。

A：大学确实关注孩子的成绩等级、入学成绩和课外活动。但是许多学院或大学甚至是孩子以后的老板也很想知道你的孩子是如何思考问题、解决问题的，他是否善于合作、能否设身处地地为他人着想，因为他们都清楚这些技能在现实世界中是非常重要的。

Q：我丈夫比我还担心我们的女儿，他总认为女儿回家太晚，觉得我们需要制定更严格的宵禁制度。但是我认为女儿的表现还可以接受。我们怎么消除对女儿担忧方面的分歧呢？

A：首先，这个问题并不表明你们的焦虑等级不同，尽管看起来好像你们对于宵禁时间持不同的观点。但是在确定是否有待解决的问题需要你和女儿共同去解决之前，你必须消除你们夫妻之间的这个分歧。我们先假设你和你丈夫的焦虑等级确实不同。如果高等级的焦虑一方使本来就焦虑的另一方反应过激，那么，低等级焦虑的一方就需要去改变（加剧或者消除）这个局势，即两个家长或者联手使用方案 A 使本来过激的现状更加严峻（父母互相支持彼此去解决问题的初衷无疑是好的，但这样会忽视孩子的顾虑），或者两个家长意见不合，互不在意对方的顾虑（这样对两人都不利，容易加剧彼此的焦虑感）。所以，改变局势的人通常是解决不了问题的，只有推动问题解决的人才能彻底解决问题。

Q：我从朋友那里可以得到一些育儿建议，也从网上或报纸上看到了许多专家的观点。但是有时候接收到的建议越多，我越不确定应该怎么教育孩子。我如何才能知道我的做法是否正确呢？

A：给你提供建议的人都不十分了解你的孩子，肯定也不了解孩子对待某一个未解决问题的顾虑、态度或者看法。因此，他们告诉你的育儿理念肯定是各不相同的，而且往往都是单方面的、强制性的解决方案。你最应该倾听的人其实是你的孩子。

Q：那爱呢？我的孩子不是最需要我给予他爱吗？

A：能给予孩子爱是很好的，但只有爱是远远不够的。正如你之前看到的，家长会打着爱的名义对孩子做一些事情，比如说打击，但这都不是真正的爱。你对孩子的爱不仅表现在你给他一个拥抱，晚上给他掖被子，挤时间陪他玩，给他买心心念念的游戏等，更表现在你肯花时间听他诉说，了解他并和他一起解决会影响他生活的问题。

Q：那耐心呢？也需要给孩子耐心是吗？

A：能对孩子有耐心也是很不错的，耐心的表达方式有很多种。跟紧孩子的成长步伐，等待孩子做好迎接新的成长挑战的准备，需要你的耐心；观察孩子是否能独立解决分歧，需要你的耐心；和孩子一起解决问题，也需要你的耐心。只是要记住，只有耐心是解决不了上述问题的。

汉克家

再次和女儿交谈，说服她和哥哥一起来解决彼此的问题

丹尼斯和夏洛特一起开车去小卖店的路上。

“夏洛特，我们再一起解决一个问题，好吗？”

“好的，妈咪。我愿意和你一起解决问题。”

丹尼斯笑了：“哦，真的！太好了。我发现有时候你和汉克无法一起看电视，你能说说原因吗？”

“他太刻薄了。”夏洛特回答。

“为什么说他刻薄呢？”

“他还蛮横不讲理。他总是在我正看电视的时候进来把电视换成他想看的节目。他说我看的节目都极其幼稚。”

“和我之前想的一样。你也不喜欢他看的节目吧？”

“是的。要么是体育节目，要么是《创智赢家》。”

“好吧，看看我理解的对不对。你不愿意看他看的节目，他也不愿意看你看的节目。而且他总是在你看电视的时候进来换成他爱看的节目。我说的对吗？”

“对。他看的节目都很愚蠢。”

“还有什么原因使你不愿意和汉克一起看电视吗？”

“嗯……我想没有了。”

“好的。那么，我的顾虑是，你和汉克很难能坐到一起看电视，而且结果就是你们打架，接着你就开始生气，大喊大叫，然后我还得做你们的调解员。我真的是不愿意给你们调解。所以我在考虑有没有什么办法可以让你看你的电视，他看他的电视，还不会引发争吵，也不需要我充当调解员。”

透过后视镜，丹尼斯看到夏洛特正在考虑她提的问题。

“我们可以再买一台电视，”夏洛特建议，“这样我和汉克就一人一台电视了。”

“嗯，这样也行。但问题是，我觉得我们没有钱去再买一台电视，所以我不太确定这个办法能不能行得通。”

夏洛特又想了想：“我们可以制订一个时间表。

“什么样的时间表？”

“就像学校的时间表一样。规定好我看电视的时间和汉克看电视的时间。尼克总是玩游戏，所以他不在意看电视的时间。”

“这个想法很有趣。你比较想在什么时候看电视呢？”

“晚饭前。我看的节目都是在那时候开始。”

“好。但是我不知道汉克看的节目都什么时候播放，所以我们还得去问问他。”

“汉克都是看录播的节目，”夏洛特说，“所以他什么时候看都行。”

“好吧，明白了。我觉得这个主意很不错。但是我还是认为我们得坐下来和汉克说说这件事，然后我们一起找出一个汉克也能接受的办法来。你能做到吗？”

“如果他不再那么刻薄的话。那你会和我们一起讨论吗？”

“当然，我会帮你们一起找出解决办法来的。但是我真的很喜欢你的这个主意。让我们去看看汉克的态度吧。”

“穿梭外交”在继续进行。现在处于了解双方的顾虑的阶段。“问题解决的推动者”准备好让两个孩子一起去商讨解决办法了。

泰勒家

父亲和女儿展开关于行踪的话题，了解女儿心中抵触的关键，试着当妻子和女儿的信使

丹准备好用方案B解决泰勒的问题了。几天前他就和泰勒提过，他和克莉丝汀必须要知道她的去向。当时，她虽然不愿意倒也没拒绝。他们商量好周日早晨一起去外面吃早餐，这也是他们不定期的传统。

早饭的时候，泰勒看起来心情很好，所以丹也觉得这次谈话应该会很顺利。“你知道的，我想和你谈的是有时候我们不知道你去哪了，”丹开启话题，“我想听听你的看法。”

泰勒正在喝巧克力热饮，她抬起头来擦了擦嘴上的奶油：“我们必须要谈吗？”

“不一定非得谈，”丹回答，“但是我觉得要是能彻底解决这个问题岂不是更好。跟你说实话，天天听着你和妈妈吵架，对我来说可不是一件好玩的事。我猜你也烦透吵架了吧。”（丹过早提出了他的顾虑，因为“将心比心”这一步还没结束。）

泰勒哼了一声：“是的，但是你觉得我们谈过后，会有什么改变吗？”

“我不知道会不会有改变。但是我真的想听听你的看法。”

“好吧，其实我不介意你们知道我的去向。我又没有做什么疯狂的事。但是我已经十六岁了，所以我觉得你们没必要时时刻刻都得知道我在哪儿吧。”

丹很高兴泰勒愿意和他谈：“好。你不介意我们了解你去哪儿了，但是认为我们没有必要时时刻刻都得掌握你的行踪。”

“是的，”泰勒说，“但关键是，我不愿意我妈每五分钟打一次电话问我在哪儿，确定我是否安全。这很丢人，也很招人烦。”

丹在想，如果他一直重复她的话会不会也惹她心烦，但是他还是边听边印证她的话：“嗯，你不愿意妈妈每五分钟打一次电话问你在哪儿，确定你是否安全。”

“是的，我是说，她关心我没错，而且她关心我，我很高兴。但是这样是不是有点过了。”

丹点了点头。

泰勒继续说：“而且不管我跟她说过多少次，她还是总给我打电话。”

丹又点了点头。

泰勒接着说：“所以我不明白为什么我们还要说这个事。我改变不了她，你也改变不了她……这一点意义也没有。”

你可能是对的，丹想。他总结了一下泰勒的想法。“好吧，那看看我理解的对不对。妈妈关心你，你很高兴；你也不介意我们知道你的去向；你认为我们没必要时时刻刻都要知道你去哪儿了；你也不愿意她每隔五分钟给你打一次电话问你在哪儿；无论你想什么办法阻止她这么做，都不管用；你觉得我们现在谈这件事也没什么意义，我们什么也改变不了。”

“就是这样。”

“还有什么要和我说的吗？”

“我想不出什么了。”看到服务员端来他们的早餐，泰勒很高兴，“我们吃饭的时候，嗯……能不能不说这个。”

“好的，”丹说，“我们一会再谈好吗？”

“我想可以。”

吃完饭后，丹又总结了一下刚才的谈话内容。然后他进一步说：“好吧，我也觉得我们没必要每时每刻都要知道你在哪儿。但是我们必须要知道你是否安全。否则，你妈妈会担心死的……然后她就会给你打电话。而且如果你不接她的电话，她会更加担心，所以她就会一直给你打电话。有时候你还是一个人开车出去，她就更担心你了。”

泰勒转了转眼珠：“就像我说的，我介意的不是你们想知道我是否安全，而是每五分钟就给我打一次电话。”

丹理了理思路，想照顾到双方的顾虑：“这样，我在想有没有一个办法既能让我们知道你很安全，又能让你妈妈不再每五分钟给你打一次电话。听着，我觉得这是个‘先有鸡还是先有蛋’的问题：你妈妈给你打电话以确定你是否安全，你觉得很烦就不接她的电话，然后她就一直给你打，你就一直不接。”

泰勒似乎并不反对这个说法：“你认为她确定我安全后就不会给我打电话了吗？她打电话不光是想确认我是否安全，她还会问我一些愚蠢的问题，我觉得过会儿回答她这些问题也行。但是她认为什么都得立刻解决，刻不容缓。”

“所以你一点也不愿意接她的电话。”

“如果事情确实很紧急，我能接受不断有电话打进来。但是她认为不管什么都很紧急。”

“所以对你来说，她打电话并不是知道你是否安全的最好方式。”

“对。”

“那要是不打电话，你想通过什么方式告诉我们你在哪儿、你很安全呢？”

“比如，我会时常给你们发短信。”

“怎么发呢？”

“如果她发誓不再给我打电话，我会大概……每两个小时给你们发一次短信。”

“好吧，不管我们达成什么共识，我们都得和你妈妈商量一下，看看她是不是同意。”

“她要是不和我们商量怎么办？”

好问题，丹想，然后说道：“所以我觉得先和你谈谈这个问题可能更好一些。”

“嗯，但你不是问题所在，她才是。”

“其实我也想知道你是否安全。但是我们必须得想出一个你妈妈也能接受的解决办法。而且我刚才想了想，我认为你妈妈会觉得两个小时一条短信不够，至少一开始她会这么认为。”

“好像我做过什么事情让你们不信任我了似的。”泰勒说。

丹想了想：“是的，曾经你告诉我们你在图书馆，但其实你在马克家。”

“那是因为我清楚，如果妈妈知道我在一个男生家里的话，她会发疯的。”

“好吧。但正是那件事让她不再信任你了。我觉得，信任不信任不是问题的关键，我们就是想知道你在哪儿、你是否安全。”

“那一小时发一次短信呢？够多了吧？”

“我没意见。你会在短信里告诉我们你在哪儿吗？”

“会的。”

“你要是忘了怎么办？”

“那她可以给我发短信啊。至少她给我发短信，我还能假装是别人给我发的。”

“我觉得这个办法行得通，”丹说，“我们去和你妈妈商量下看她能不能接受。”

泰勒点了点头表示同意。

“谢谢你愿意和我谈论这个，”丹说，“和争吵相比，我更喜欢这种交谈。”

泰勒又点了点头：“可能妈妈下次也愿意和我们一起谈谈。”

“可能吧。”丹说。

这个对话包含了哪些关键信息呢？有这么几点：第一，再强调一次，你的孩子可能不是很情愿参与进来，但是她希望你们听听她的想法，所以“将心比心”作为第一步是很合适的。第二，如你所知，说完自己的想法的孩子更愿意去听别人的想法，所以第二步是“界定问题所在”。第三，孩子可能会有正当的理由去怀疑交谈是否能起作用，这不是什么大问题。第四，双方的顾虑都同样重要。第五，只要你能时刻考虑这些顾虑——然后提出能化解这些顾虑的方法——那你的思路就会非常清晰，其他什么事情也干扰不了你。

不要在问题发生之时，

匆忙去找解决方案。

你需要提前找出问题，

并按照轻重缓急安排好待解决问题的次序。

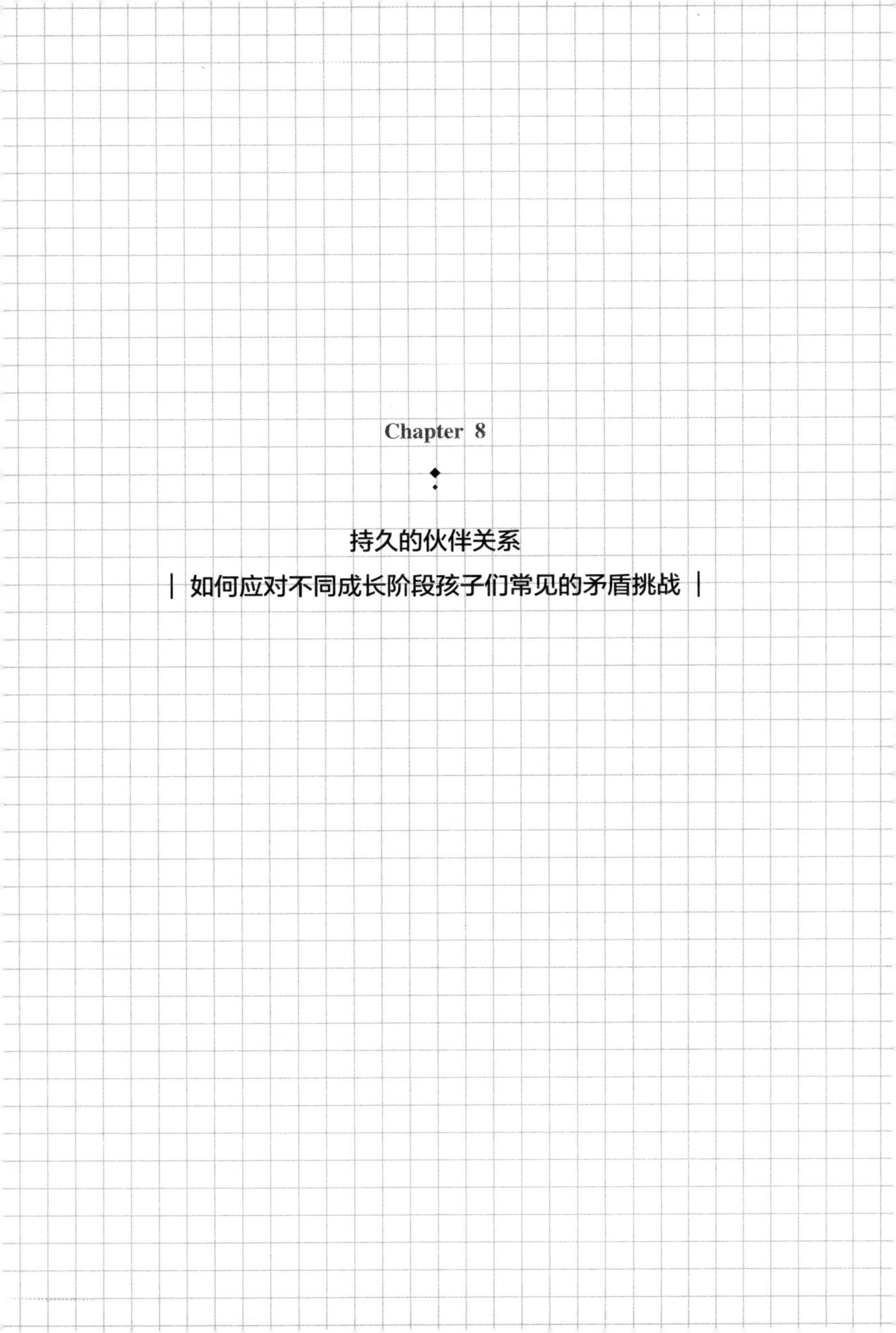

Chapter 8

持久的伙伴关系

| 如何应对不同成长阶段孩子们常见的矛盾挑战 |

在本章中我们要讨论孩子在不同的成长阶段会遇到哪些难以满足的期望，以及针对因此而引发的矛盾使用单方处理模式（方案A）和双方合作处理模式（方案B）的巨大差别所在。而且，假如你正在为求助专业建议的合适时机犯难的话，我们也会对此有所讲解。不过不是详尽的叙述，只是以说明问题为目的的样本浏览。

◆ 婴儿期：喂养、睡眠和自我安抚

喂养、睡眠、自我安抚以及早期社交技能的发展当然都属于大人对婴儿期的孩子的最主要的期望。婴儿大多数时候通过她对这些期望的反应，以及满足这些期望的能力传达她正在习得的技能、喜好和性格特征。同样，如果她难以满足这些期望，家长对此的反应也正传达了家长与孩子交流的信息。

有一些孩子可以毫不费力地满足这些期望。而且大多数父母的育儿模式也很灵活，他们愿意去适应宝宝对喂养等期望的喜好。但是对于睡眠问题，很多父母的处理方式就不那么灵活了。比如，父母都希望宝宝能独立在自己小屋的婴儿床上睡觉。如果宝宝可以做到，那就不需要任何解决方案了。但是如果宝宝难以满足这个期望，父母会选择以下比较熟悉的三种处理方式。

如果父母选择搁置这个期望，至少是暂时搁置（方案C），他们可能就允许孩子和他们睡在一个床上。但是，如果父母不愿意搁置这个期望，他们就不得不在强制解决问题和合作解决问题之间反复做斗争。其中一个可能的、也是很常见的强制单方面解决办法就是，任由孩子哭，直到她在婴儿床上睡着为止。尽管隔着房门听自己的孩子抽泣和尖叫很令人难受，但是大多数婴儿最终都会明白——“无论你喜欢与否，你都得在自己屋里的婴儿床上睡觉”——而且慢慢也就心甘情愿地在婴儿床上睡觉了。但是你同时还传递出的其他信息也值得你去思考：

无论你对睡在自己屋里的婴儿床上有什么顾虑，最终都难敌我们夫妻对亲密和睡眠的渴望。

无论你对睡在自己屋里的婴儿床上有什么顾虑，最终都难敌我们希望你安全的渴望——我们的儿科医生也反对让你和我们睡在一张床上。

在这个问题上，我们不打算消除你的顾虑。

那方案B呢？因为婴儿还不能用语言表达他们的顾虑，所以父母必须试着去猜测他们的顾虑。就像你之前学到的，你是通过试图去找出宝宝在这个或其他问题上面临的困扰所在来表达对她的理解和责任的。找出解决办法去消除她的顾虑，这种对孩子的应答方式就是合作解决问题的雏形。虽然孩子还不能配合你一起解决问题，但是无论你的猜测是否正确，无论你的干预是否能消除她的顾虑，她都很乐意给你积极的回应。

因此，我们假设父母已经猜出来，或者发现摇着孩子睡觉或者在行驶的汽车里，孩子更容易睡着。并且一旦睡着了，无论是从车里还是家长的怀里都能把孩子放回到婴儿床上，还不会吵醒她。如果抱着孩子摇着她睡觉或者开着车让她睡觉都能解决孩子睡觉的问题，那么你对方案 B 的早期尝试就算是成功了。如果解决不了睡觉的问题，那就把方案 B 从头再来一次。可能晚上挨着父母婴儿会更舒服更容易睡着。对于这个问题，还有一个解决办法就是把婴儿床放到父母的卧室里，至少要放到父母对此又有新的顾虑为止。

你用这种方式去解决问题，你会传递给孩子什么信息呢？

我们听到了你的心声。我们也理解你（至少我们正试着去理解你）。

我们急切地想找出你的困扰所在，并渴望去消除你的困扰。

我们也希望能同时消除我们的顾虑。

这些信息都很不错。在未来很长一段时间里，你和你的孩子都将要在这条路上同行。出发前就建立起合作式的伙伴关系将是一个很好的开端。

喂养、睡眠和自我安抚都无疑是值得重视的期望，如果你的宝宝难以满足这些期望，或者你的猜测和解决方法都无济于事，你还可以求助于各种各样的专家——儿科医生、家庭医生、哺乳专家等，他们都非常了解婴儿以及婴儿的潜在顾虑，还能教给你消除这些顾虑的办法（当然最好是令双方都满意的解决方案）。当然，如果你担心宝宝对社会刺激的反应、表达情感的面部表情等早期社交技能的养成，或者看护人员安抚宝宝的行为不如你所愿，你也会想要寻求解决办法。别担心，你的儿科医生或者家庭医生都会在定期的健康儿童咨询时询问你这些问题的，当然如果你在医生的定期来访之前就已经有顾虑了，那就要及时问诊，不能一直拖到医生来以后再解决。

◆ 学步期 / 入园（幼儿园）前：如厕训练

在孩子进入学步期时，他们要面对的期望，尤其是在交流和运动技能方面的期望会急剧增加。在培养交流和运动技能方面，孩子们之间的差距也是非常明显的，如果你担心孩子的发展状况，那么向儿科医生、家庭医生、口语和语言治疗专家或职业治疗师寻求指导意见就很必要了。并且，随着孩子表达能力的提高，生活本身就会给他提供很多挑战，但是这个新技能可以使合作解决问题变得更容易。而且，可能越来越可以使用方案 B 去处理之前一直用方案 C 处理的一些难题了。

例如，如果家长在孩子婴儿期的时候一直用方案 C 来解决孩子独立睡觉的问题，那么进入学步期后，他们就可以考虑是时候来提高对孩子的要求了，并且家长自己的睡眠时间也有望延长了，这时候他们就希望能消除他们在睡觉安排方面的更多的顾虑了。也正是在学步期，孩子们开始能意识到别人的痛苦了，这是孩子同情心养成的早期标志。对于正处于学步期的孩子来说，你对她的痛苦的回应方式就是她对别人痛苦的回应方式的模板。

如厕训练是学步期儿童面临的问题之一，也是能引发父母最严重焦虑的期望之一。和孩子成长过程中其他每一个期望一样，能否顺利如厕也是因人而异，孩子们的表现各不相同。因此再强调一次，我们不必过度关注别人家的孩子在这方面表现得有多好或多差。因为许多家长肯定会毫不迟疑地告诉你他们的孩子在某一方面取得了不可思议的进步，但是肯定不会如此坦白地告诉你他们的孩子哪点做得不好。

和孩子成长过程中其他每一个期望一样，孩子对如厕训练的回应也反应了她的技能、喜好和性格特征的形成情况。有的孩子会迫不及待地接受如厕训练，因为他们看到年长的兄弟姐妹或者同龄人已经能达成这个期望。

有的孩子可能对此毫无兴趣。如果这时候你非得坚持让孩子练习上厕所，那你就可能会错过许多孩子成长的信息；而且，如果孩子上厕所的时间和你安排的不太一致，这也可能会引发很多冲突。

但是如果，比方说，孩子不会上厕所就不能上某个幼儿园的话，该怎么办？使用方案C的话，家长就暂时不让孩子进行如厕训练，可能他们认为，孩子还没准备好去完成这个期望，或者他们并不打算让孩子过早地进行如厕训练。如果是这样的话，他们可能会把孩子送到一个对如厕要求不那么严格的幼儿园里。

但是，如果家长选择不搁置这个期望，那他们就又要面对是单方面解决还是双方合作解决这个问题的斗争中了。使用方案A的话，父母可能会通过命令孩子上不了厕所就必须一直蹲在马桶上来强迫孩子进行如厕训练。和大多数期望一样，我认为，过早地要求孩子完成如厕训练比等到孩子适龄后再去练习的危害要大很多。确实，如果那些拔苗助长的家长们的孩子并不配合他们的安排，那如厕训练就体现了早期的权力斗争。我们这么做会传达出什么信息呢？

无论你对如厕训练有什么顾虑，最终都难敌我们想让你上这个幼儿园的愿望。

无论你对如厕训练有什么顾虑，最终都难敌我们不想再用尿布，并使你保持清洁的愿望。

在这个问题上我们不打算消除你的顾虑。

那方案B呢？正是进入将心比心这一步的时候了。如果孩子现在可以使用语言进行交流，那父母就不用再去猜了，对话就能解决问题。反之，父母还得接着猜孩子的想法。下面就是通过对话去解决问题的例子：

家长：艾米丽，你想不想在小尿盆上坐会儿呢？看看是什么感觉？

艾米丽：不！

不？让我们先岔一会儿题来讨论下你的孩子使用的“不”字，这是学步期孩子经常使用的一个字。当然也是家长经常使用的一个字。然而，我们无论如何也不能让“不”字成为权力斗争的导火索。父母最好还是找出孩子真正想表达的意思，千万不能简单地回应：“必须同意，不准说不！”“不”可能表示“我只是说了你经常对我说的话”。也可能表示“我和你观点不一样，我不觉得必须要立刻做这件事”。它也表示“我正忙着呢”，或者“我还没考虑过这件事呢”。并且它可能只是一种“反射性否定”，孩子对任何新的想法都会说“不”。但是，它绝对不表示“我觉得没必要非得按照你的意愿行事”，或者“我在挑战你的权威”。

还回到如厕训练这件事上。

家长：我发现当妈妈坐在大马桶上的时候，你总是爱盯着她看。你为什么不坐在你的小马桶上呢？

艾米丽：我不想坐。

家长：当然你不用非得坐在上面。我是在想，你为什么不想坐在上面。

艾米丽：我害怕。

家长：我明白了！你害怕。那你害怕什么呢？

艾米丽：我害怕。

家长：是的，我听到了。你能告诉我，你害怕什么吗？

艾米丽：我会掉进去的。

家长：哦，你害怕你会掉进去。很高兴你能告诉我这个原因。还有什么原因让你不敢坐小马桶吗？

艾米丽：没了。

家长：你确定没有了？

艾米丽：嗯，就这一个原因。

家长：只是害怕掉进去吗？

艾米丽：我还不想把尿或者便便弄到身上。

家长：哦，你不想把尿或者便便弄到身上。如果你在小马桶上尿尿或者拉臭臭，就会把这些弄到身上，对不对？

艾米丽：嗯。

家长：谢谢你告诉我这个。那你穿纸尿裤时会把尿或者便便弄到身上吗？

艾米丽：会的。

家长：穿着纸尿裤弄到身上，你就不觉得难受了？

艾米丽：是的。

家长：但是坐在小马桶上你就觉得难受？

艾米丽：是的。

家长：好吧。还有什么原因让你不愿意坐小马桶吗？

艾米丽：没有了。

家长：好吧。我还注意到，你最近一直说想穿大姑娘穿的内裤，如果你穿上那种内裤，你就得在马桶上解手了。

艾米丽：我现在不想穿了。

家长：哦，好吧。你不用非得穿大姑娘穿的内裤。我这么说只是因为你最近一直在说这件事。但是可能还是有办法既保证你掉不进马桶里，又不用担心会把尿或者便便弄到身上，这样你就可以一直穿大姑娘的内裤了。

艾米丽：你可以扶着我。

家长：你坐在小马桶上时我扶着你，是吧？

艾米丽：这样我就能在马桶上解手了，也不会弄到身上尿或者便便了。

家长：是的。我觉得这个想法很不错。那么你是愿意在马桶上解手了，只要不把尿或者便便弄到身上就行？

艾米丽：是的。

家长：那我们什么时候试一下呢？

艾米丽：晚饭后。正好是在我洗澡以前。

家长：这个时间不错。

艾米丽：是的。

家长：好。那到时候我们试一试。

艾米丽：但是就一小会儿。

家长：好的。你一解完手我们就停止。

妈妈和艾米丽最终解决问题了吗？还没有。这样也可以吗？当然可以——大多数问题的解决过程都是循序渐进的。大多数期望也不可能一次就能得到满足，毕竟一口吃不成一个胖子。你必须很正规地按照方案B的所有步骤去解决问题吗？没有必要。但是方案B确实能规划好事情的解决步骤，这样你就不会遗漏掉任何一个细节了。

等等，真的？和一个三岁小孩一起用方案B解决问题？

是的，确实如此。

三岁孩子就有顾虑了？

当然他们有顾虑。记住，即使是婴儿也会有顾虑的。

那三岁的孩子能说出他们的顾虑吗？

如果他们说不出来，除了言语之外，还有很多办法可以帮助你获得这些信息。你可以把顾虑画成画，网上搜索能帮到你。输入顾虑的名称，就有海量的图片可供你选择。你可以把不同顾虑的图片都压缩到一张卡片上，这样孩子就可以通过选择图片来表达她的顾虑了。也可以用这个办法制作一张解决方案的“菜单”。使用方案B并通过语言交流来解决问题的时候，虽然孩子的实际年龄看起来是最主要的影响因素，但我曾经和一些三岁的孩子一起解决过问题，他们的语言表达能力甚至比十七岁的孩子还要好。（你可以在我的非营利网页上找到一些样图，网页的名称是“Lives in the Balance 平衡生活”，网址是：www.livesinthebalance.org.）

一些孩子不愿意说话。尽管有时候按照前文所说的方法引导孩子和你交流效果会很好，但是和不愿说话的孩子进行交流，我们还得借助于其他办法。教给孩子学会用他们的手指来表示你的说法的准确程度：五根手指代表“非常准确”，四根手指代表“准确”，三根代表“比较准确”，两根代表“大部分不准确”，一根代表“不准确”。然后根据孩子的判断去猜测他们对某一个未解决问题持有的顾虑。可能你会因此得到大量的信息。也可能你糟糕的洞察力让孩子感到很沮丧，然后他就开口和你交流了！

如果方案B还是不能成功地解决孩子的如厕问题，你就要求助于在这方面有丰富经验的专家了，但是你要小心那些习惯使用方案A的专家。因为文化不同，使你产生如厕焦虑的孩子的年龄也不尽相同；在一些文化中，一般会在孩子还没有如厕能力的时候就提前进行相关训练，比如北美国家。但是在美国，很多五六岁的孩子至少一周还会尿两次床，这通常是因为孩子们还无法在身体发出“快起床，否则就要尿床了”的信号后成功醒来。但是如果你的孩子在这个年龄段（或者再大些）还总是尿床，那就很有必要告知你的儿科医生或家庭医生了。如果这个年龄段的孩子还是做不到去厕所解手——那通常是因为，信不信由你，便秘或者其他一些医学疾病——最好还是请教一下医生。你肯定不希望让这些问题成为你和孩子发生冲突的导火索；冲突也不会帮你找出孩子无法满足你的期望的真正原因，也不利于你和孩子一起去解决问题。

◆ 入园（幼儿园）后：与父母分离

五岁的孩子就很有主见了，他们知道自己喜欢穿什么、吃什么、玩什么，知道一个人玩什么好玩，懂得如何应对困难，知道如果父母不在身边自己也会很开心。换句话说，这个年龄段的孩子能够发出非常清晰的信号来表达他们的技能、喜好、信仰、价值观、个性特征、人生目标和方向。

这个年龄段的孩子最难满足的期望之一就是与父母分离，尤其是因为上学要和父母分开。再说一次，不同的孩子对这个期望的满足程度也不相同。有些孩子会勇往直前，从不留恋父母。通常这些孩子的父母在感到安心的同时也会很伤心，因为他们发现即使他们不在孩子身边，孩子也会过得很好。而有些孩子则会因为要和完全陌生的人在一起而感到异常恐惧，无论家长对他们能否成功入园抱有多大的热情和信心。

你的孩子很可能已经提前警示过你她对此的反应了，因为在上幼儿园之前，她也有过多次和父母分开的经历，比如上日托或早教班，和保姆或者祖父母待在一起。无论过去你的孩子是否表现出了分离焦虑，在入园前家长都应该提前做一些准备：提前很长时间就和孩子交流入园第一天的情景，弄明白孩子对这个问题的看法，也可以用玩具或通过角色扮演模拟上幼儿园的情景。提前带孩子参观幼儿园也很有助益，这样你和孩子对幼儿园的陌生人都能有所了解。即使如此，一些孩子的反应依然会出乎你的意料：你确信这些准备已经非常充足了，完全可以保证孩子能够顺利入园，但是入园的那一天孩子还是会抱着你的腿不让你离开。

长久以来，令人遗憾的是，人们通常是用方案 A 来解决这个问题的：把孩子留给陌生人，如果她尖叫哭闹，那好，那些陌生人知道该怎么办；而且无论怎样，他们不可能总是陌生人，孩子早晚会和他们熟悉的。当孩子适应了幼儿园的生活后，家长还是要思考是不是可以用其他办法来解决这个问题，你传递给孩子的信息是不是你最初想要传递给她的：

人生不如意事十之八九；你一定能适应的。

无论你多么害怕和陌生人待在一起，最终都敌不过我不想上班迟到的愿望。

在这个问题上我们不打算消除你的顾虑。

还有一个可供选择的解决方案：方案 C。可能幼儿园的老师会让家长在教室外面待上几周，这样分离的需求就被暂时搁置了，可能这是循序渐进地去满足分离期望的第一步。尽管这会招来其他家长的围观，但一定要坚持下去，因为你比他们更了解你的孩子。在满足分离这个期望上，你孩子的表现比其他孩子差一点，这可能会令你感到难堪，但是从长远来看，你明白孩子成长过程的差异性，你正在做你应该做的事情。虽然你为别的孩子没有分离焦虑而感到开心，但你还是要立刻把注意力放回到你自己的孩子身上。当然，你不可能一直使用方案 C；你还是会考虑一年里你都待在教室外面是否可行。所以，在某个时候，你很有可能就转向方案 B 了：

家长：我发现如果我不陪着你，你就不愿意在幼儿园待着。怎么回事呢？

蕾切尔：我不知道。

家长：那我们一起想想原因吧。因为我知道这对你来说太难了。

蕾切尔：为什么我必须要去幼儿园呢？

家长：你慢慢长成一个大姑娘了。和其他孩子相处、玩耍，学习新东西，这对你都有好处。而且你不是也愿意这样吗？

蕾切尔：我不想长大。我只想和你在一起。

家长：我知道。我也想和你在一起。但是我们还是说说到底为什么你不愿意待在幼儿园，好吗？

蕾切尔：我会想你的。

家长：哦，你会想我的。当你想我的时候，你会做什么呢？

蕾切尔：我不知道。我会想象你的脸。

家长：我的脸？

蕾切尔：是的。

家长：所以你会想象我的脸？那你想象我的脸的时候你心里想什么呢？

蕾切尔：你是我的妈妈，我想和你在一起。

家长：还有别的吗？

蕾切尔：没有了。

家长：你确定？

蕾切尔：嗯……

家长：慢慢想。

蕾切尔：就是一种感觉。

家长：感觉？什么感觉？

蕾切尔：我不知道。我不知道怎么描述。就是一种感觉。

家长：伤心的感觉？担心的感觉？

蕾切尔：只是一种感觉而已。

家长：我想我明白你的意思了。你看，事情是这样的，我不能一直在幼儿园陪你。而且我还有许多事情要做，如果我在幼儿园陪着你的话，我就完不成这些事了。

蕾切尔：你可以在幼儿园放学后再做啊。我和你一起做。

家长：哦，别担心，从幼儿园把你接回来后我们可以一起做很多事情。但是有一些事情我必须得在你上幼儿园的时候完成。所以我在考虑有没有什么办法能让你不那么想我，这样我就不用一直待在幼儿园了，而且我也能完成所有我需要完成的事情。你有什么主意吗？

蕾切尔：没有。

家长：好吧，我们一起想想看。

蕾切尔：你不陪着我，我就不愿意在幼儿园待着。

家长：我知道。但是我在想有没有什么办法，能让你在想我的时候不会觉得很难受。

蕾切尔：你能和我在教室里待会儿，然后就去图书馆吗？这样即使我看不见你，我也知道你在哪儿呢。

家长：嗯。这个主意不错。我和你在教室里待会儿，然后就去图书馆坐着。这样你就能适应我不陪在你身边了？

蕾切尔：是的。

家长：好的，可以试试。我认为这是一个很好的开始。

这个问题完全解决了吗？还没有。他们正在解决吗？是的。下一步该怎么办呢？这需要家长和孩子一起来讨论。如果妈妈不能待在图书馆该怎么办呢？如果她必须得上班该怎么办呢？那这就是个不现实、无法令双方都满意的解决办法，她们就需要继续合作再找一个别的办法。

当你以这种方式处理问题的时候，你给孩子传递了什么信息呢？

我听到了你的心声。我也理解你。你可以相信我。我很关心你，也重视你的顾虑。

如果你自己满足不了这个期望，我不会让你一个人独自去面对这个问题的。

我是你的伙伴。

我急切地想知道你的困扰，并且渴望去帮你消除顾虑。

我希望同时也能消除我的顾虑。

如果使用方案 B 也解决不了孩子的分离焦虑的问题，那你就要去求助于这方面有丰富经验的心理健康专家了。你不需要任何诊断，只是从曾经处理过类似问题的人那里得到些帮助，拓展下解决问题的思路而已。

◆ 小学：学业、课堂表现

在小学阶段，现实世界对孩子的要求开始变得更多。事实上，各种社交、行为举止、知识甚至运动方面的压力反而更大了。这时候，如果孩子遇到了难题，许多对孩子抱有期望的家长们就开始依赖方案 A 去帮助他们解决问题了。

当然，这也是一段非常有趣的时光。在这个年纪，孩子们都喜欢和父母待在一起。但是如果孩子不愿意和父母待在一起，那这就变成了孩子们逐渐不愿意接受父母的帮助去解决影响他们生活的问题的一段时光了。这是好的迹象，说明孩子越来越独立了。当然，接受父母帮助意愿的减少也表明父母经常用方案 A 去处理孩子的问题，孩子对此已经心存顾虑了，他们这样做只不过是以其人之道还治其人之身。

让我们首先来讨论知识方面的挑战。假设你的孩子在背乘法口诀时遇到了困难。如果你现在把背乘法口诀这个期望搁置到一边——可能是因为孩子在学习上还有其他困难更亟待解决——那么你就是在用方案 C。或者，如果她认为自己能解决这个难题，而你选择拭目以待，那你也是在用方案C。你只需要密切关注并定期和她沟通事情的进展情况就行了。如果她成功地解决了这个问题，那就非常了不起了；这样能提高她将来解决问题时的“自我效能”，即：坚信自己有能力去完成任务并达到预期目标。但是，如果她没能顺利解决问题，你就需要借助一个解决方案了，当然，你会再次陷入选择单方解决问题还是双方合作解决问题的矛盾中。

孩子的老师极有可能有办法帮助孩子记忆乘法口诀。假设老师强烈建议你借助教学卡片，如果你也确实强行使用卡片让孩子去背乘法口诀了，你就是在使用方案A。那怎么使用方案B呢？具体步骤你应该很了解：

家长：我发现你背乘法口诀时遇到困难了。怎么回事呢？

乔丹：很多孩子也都背不好呢。

家长：是个好消息。但是我更担心你的情况。

乔丹：说的好像我没有努力似的。

家长：不，我知道你正在努力。我只是觉得你背起来还是有点费劲，所以我在想你要不要和我说说这件事。

乔丹：我不太擅长背东西。

家长：嗯，我也不擅长。

乔丹：你也不擅长？

家长：不擅长。我学西班牙语的时候必须得背一些非常长的文章，然后还要给全班学生背诵，对我来说，这真是太难了。所以乘法口诀很难背，这我能理解。

乔丹：你过去也背不过乘法口诀吗？

家长：我记得都背过了。因为你奶奶开车的时候经常和我练习乘法口诀，所以我记得是都背过了。

乔丹：奶奶开车的时候经常和你练习？

家长：是的。我们得开很长时间车，除了听你奶奶爱听的音乐外也没什么事可做，但是我不爱听那些音乐，所以你奶奶就和我一起背乘法口诀。

乔丹：那你愿意背吗？

家长：愿意。还挺有趣的。

乔丹：我讨厌数学。

家长：哦，这可能就是你背不过乘法口诀的原因了。

乔丹：贾勒特先生想让我用教学卡片来背口诀。

家长：你不喜欢这个办法吗？

乔丹：是的，这没什么用。

家长：嗯，我认为贾勒特先生是觉得背乘法口诀对你来说很重要才让你去背的。我也有同感。这样你以后学数学就容易多了。

乔丹：是的，他就是这么说的。

家长：但是这不代表教学卡片就是最好的解决办法，是吗？

乔丹：是的。

家长：所以，我在想有没有什么办法能让你顺利背过乘法口诀——除了使用教学卡片——这样你以后学数学就没有这么费劲了。你有什么办法吗？

乔丹：我们能像奶奶那么做吗？

家长：你是说在车里练习？

乔丹：是的。

家长：可以。你觉得管用吗?

乔丹：我们可以试试。但是我朋友在车上的时候就不背了。

家长：好的。

如果方案B解决不了你的孩子在学习上遇到的难题，你可以去学校和老师谈谈，也可以求助于心理健康专家或者神经心理学家，看看他们的说法能不能帮你解决孩子的问题，或者能不能拓宽你解决问题的思路。再次强调，你并不需要任何诊断，即使你是因为学校的要求——你的孩子需要这些额外的帮助——而需要这个诊断。你真正要做的是，去了解孩子现有的技能和影响她学业任务的因素。由于一些老师依然爱用“动机不足”和“不够努力”等字眼去解释孩子学业上遇到的问题，所以你要谨记我们的宗旨，尤其是“孩子只要有能力就会表现好，毕竟表现好是我们所期待的”，这样你就能明白孩子学业问题中的动机方面的解释根本站不住脚。

当然，学校里并不只是学习一项活动。教室里也蕴藏着许多行为预期，包括坐着不动、长时间集中注意力、认真听讲、团队合作和一起玩耍、在诸多活动中转换自如等。如果你的孩子难以满足这些期望，那生活就变得“趣味十足”了。一些教育学家强调的更多的是学习中的个体差异而不是行为中的个体差异，尽管两个领域都包含着对技能的要求。当你因为要接受那些经常用来描述孩子挑战性行为的标准，诸如爱出风头、控制欲强、动机不明、挑战极限等而感到压力倍增时，你面对的挑战就是去质疑这些传统观念并温和但不失坚决地要求从更精确、更富有同情心、更有效的角度去看待孩子遇到的困难。在此需要说明的是，学校中有百分之七十到八十的行为问题都来自于孩子难以完成的具体的学业任务。因此，试图把行为和学业分开而谈是毫无道理的；它们的出现总是形影不离的。

因此，找出你的孩子在学校里出现挑战性行为的具体环境是非常重要的。比如，在数学课上或课间休息时或校车上。孩子的行为可以精确地指出在具体环境下她难以满足的具体期望。例如，在完成包含很多笔头任务的作业时，如果你的孩子注意力不集中、难以完成作业、总是和同学聊天，那这些笔头作业就是未解决的问题，而不是这些问题的副产品——孩子的行为。如果针对这些行为给予干预，那永远也无法确定、了解并解决那些问题。再次强调下，行为属于下游问题，造成这些行为的问题所在才是上游问题。你应该关注上游发生的事情，下游问题才能得到解决。

一如往常，方案 A 是用父母单方面的解决方案去解决问题，例如不让孩子休息，让她在休息时间去完成写作任务。方案 C 就是暂时搁置、适应或调整，或者观察孩子能否自己解决好问题。方案 B 呢？下面的对话就是老师和孩子使用方案 B 进行的交谈。是的，虽然这本书是写给父母看的，但是方案 B 不仅仅可以帮助父母和孩子一起解决问题。请老师一起来解决问题也是个不错的选择，毕竟教师也是能够给孩子提供帮助的职业之一：

老师：我发现上科学实验课的时候你总是不认真听讲。怎么回事呢？

凯伦：我不知道。

老师：嗯，我们来想想吧。我发现你只有在科学试验课上不认真听讲，在其他活动里倒是很认真。

凯伦：参加别的活动时你允许我们说话。

老师：还有呢？

凯伦：参加其他活动时你不介意我们互相说话或者开玩笑。但是科学实验课上我们一说话你就会生气。

老师：哦，明白了。确实如此。其他活动时我对你们的要求确实宽松很多。

凯伦：是的，所以如果我们在科学实验课上说话或者打闹，你就会生气然后把我们赶到大厅里。

老师：是的，我确实是这么做的。那说完了？这是你上实验课不认真听讲的原因了？因为其他活动中我允许你们说话、打闹？

凯伦：嗯，我觉得不让我说话、开玩笑对我来说太难了。

老师：是的，你很擅长交际。这也是我比较欣赏你的地方。

凯伦：但是实验课上你就不喜欢我爱交际。

老师：不，不是说在实验课上就不喜欢了。听着，我的担心是，在科学实验课上你们接触的都是化学制品，而这些东西可能会伤到你们或者爆炸，所以实验课上我必须对你们严格要求。因此，使用化学制品的时候我就不能那么放松了，因为我不想任何人受伤。你能明白吗？

凯伦：是的。

老师：那么我在考虑科学实验课上我们应该怎么对待爱交际这个性格特点，尤其是当我们做化学实验的时候，这样我就能确保不会有人受伤了。

凯伦：不是只有我上课说话、开玩笑。

老师：是的，我完全赞同。一会儿我也会和其他同学谈谈的。

凯伦：我之前不知道实验课上你是因为这个才对我们严格要求的。现在我觉得认真上课对我来说并不难。而且我还可以让其他孩子也认真听讲。

老师：哦，那就太好了。如果我发现你还是管不住自己该怎么办呢？

凯伦：你可以提醒我。但是不要再把我赶出教室了。

老师：但是我一直在提醒你，可是并不起什么作用啊。所以我就把你赶出教室了。

凯伦：确实如此，但是现在我明白其中的原因了。所以提醒我会管用的。但是我觉得以后不用你再经常提醒我了。

现在的老师们确实在使用方案B吗？是的，许多老师在使用。但是遗憾的是人数还不够多。对一些老师来说，原因在于，他们还是秉承传统的"行为一纪律"的思维方式。但是对大多数老师来说，主要是由于他们的工作表现取决于学生在高风险测试中的成绩。有评价标准是好的，但是过分地依赖学生的成绩就会让老师觉得自己像是维修工，是应对考试的机器人，而不是在学生学习应对真实世界里的各种要求和期待时能够给予他们重大帮助的人。正如你之前读到的，有主见、有同情心、能够解决问题、懂得团结合作都是上述要求中最需要培养的技能，而这些技能无法从考试中学到。老师们之所以无法在孩子们的生活中扮演这样的重要角色，是因为目前的职业要求将他们推到了一个相反的方向。当你设身处地地为老师考虑的时候，你肯定也希望老师能够这样对待你的孩子。别忘了，当我们和孩子一起处理问题的时候，我们同时也给孩子在现在和将来同我们或者其他人一起处理问题做出了榜样。

如果孩子的行为问题由来已久并且种类繁多，使用方案B也无济于事，那最好去咨询心理健康专家，看看他们能不能给你点启发或帮你拓展解决思路。对于一些行为问题，药物治疗不失为一个选择，尤其针对多动症、冲动控制障碍症、注意力不集中、易怒、焦虑、妄想症、暴力倾向等问题。药物治疗能解决以上问题，并且帮助孩子满足来自于大环境的要求，但是一定要三思而行。谨记人们所担心的这些行为不光会受到孩子的性格特征的影响，还会受到所处的环境的特征的影响。因此使用药物治疗之前，改变或调整环境或许能解决孩子的行为问题。而且使用药物治疗之后也非常有必要通过改变或调整孩子所处的环境来辅助治疗。

当然并不是说必须不惜任何代价去避免使用药物治疗，有时候药物治疗还是很有帮助的。但是你一定要避免将孩子视为“问题”或者需要“解决”的对象。尤其是在美国，一些心理健康专家总是有点急于使用药物治疗去解决问题。

◆ 青春期早期：人际交往、校园欺凌

在小学期间，孩子面对的要求和期望基本上来自父母，但是中学以后来自于学业上和社会上的要求则逐渐增多。同龄人之间的关系愈加紧张，他们的情感复杂程度和冷酷程度都会有所提升。你的孩子正在踏入青春期，或早或晚。但是这并不是一段令人痛苦的时光，尽管有时候会让人痛楚异常，但这绝对会使她对之前可能不曾关心的生活中的其他方面看得更加透彻。不像在小学的时候只有一个或两个老师，在中学里，你的孩子要面对许多老师，并且这些老师每天要教授几百个学生而不是二三十个学生。而且一些中学老师秉承着“要么学会游泳，要么淹死”的思想，认为他们有责任把孩子从小学这个温暖的“摇篮”里转移到中学教育这个残酷的世界里。(幸运的是，许多教育者认识到中学可能是孩子们发展得最艰难的时期，中学要发挥更加人性化且更有助益的作用。)基于以上论述，在此做一些补充：你的孩子现在可能很少和你交流或者不太愿意接受你对她的生活的指导。过去你的孩子对你知无不言，现在想要和你说的话是少之又少了。过去你的孩子愿意和你一起出门，现在却觉得和你出现在公共场所是一件令人难堪的事请。

所有这些因素都可能加剧家长和孩子之间的紧张关系。让我们补充说

明一个事实，你的孩子现在变得非常积极地去理顺、琢磨并努力去适应她现有的技能、喜好、信仰、价值观、性格特征、人生目标和方向，并且有时候看起来会有点混乱（尽管她一直在尽力避免这种情况）。在这个理顺的过程中，她会形成自己在食物选择、衣着、发型、人体穿孔（在耳、鼻、口、唇、乳、脐等地方打孔佩戴饰物）等方面的喜好、信仰和价值观，以及针对不同问题形成的自己的观点和立场，这些可能会和你的价值观、人生经验和智慧相冲突。

来套用下托马斯·潘恩（英裔美国思想家）的话：**这是考验父母灵魂的时刻……并且这时父母往往会选择去控制而不是去影响孩子。**所以我们现在还没有摆脱是选择双方合作还是单方面解决问题的困扰。这也是在伙伴关系中作为施助者一方发挥的作用尤为明显的时刻，尤其是在解决问题时要能够客观公正、不被感情左右。如果你在孩子上中学之前就已经使用方案 B 和他进行交流了，这些交流的效果肯定非常好，因为它们已经为你们之间的交流和解决问题打下了良好的基础，但是它们并不能保证你的孩子一直这么热情高涨地参与接下来的所有方案 B 的交流。如果你还没有开始使用方案 B 该怎么办呢？那么现在就是最佳时机了。

许多孩子可以不那么费力地应付青春期早期新遇到的一些期望和要求，尽管他们也都吃了很多苦头。我们来假设你已经知道你的孩子正在被一些同龄人欺负。在美国，我们投入了大量的时间和金钱教育孩子要善待他人、做良好的社区成员（遗憾的是，我们在小学期间付出的努力比中学及以后要多得多），而且大多数州都要求学校制定反欺凌政策。不幸的是，许多地方的这些政策都带有明显的方案 A 的倾向，也就是说，这些政策忽略了这样的事实：欺凌者也经常被欺凌，这些欺凌者往往都欠缺一些生活技能，尤其是同情心、为他人着想、明白一个人的行为会影响到别人，而且这些政策往往会使校园欺凌行为转入地下。

如果反欺凌课程和政策都制止不了校园欺凌，那你的孩子还是很可能会遭到同龄人的欺负。如果你决定密切观察，看看你的孩子是否可以自己应付这些问题，或者你认为这个问题必须让孩子们自己解决，那你就是在使用方案 C。如果你决定不把问题搁置一边，方案 A 将使你在没有征求你的孩子的意见或征得她的同意时采取一些单方面行动，可能是要求校长或者辅导员立即严惩那些欺凌者。鉴于你的孩子越来越在意同龄人对他的看法、越来越反感父母的单方面行动，这可能不是理想的解决办法，因为这会暗示你的孩子，她对你如何打消你自己的顾虑的担心，根本敌不过你对欺凌行为的担心。

那么，方案 B 会如何解决这个问题呢?

家长：我发现你最近在卡拉家里玩得时间不长，之前都是玩到很晚才回家。怎么回事呢?

詹：没事。

家长：你确定?

詹：嗯，我觉得她不想再和我做朋友了。

家长：嗯。怎么回事呢?

詹：我不知道。她好像生我气了。

家长：生你的气了。为什么呢?

詹：但是我不希望你给她妈妈打电话或做其他什么事。

家长：不会的，我不会给她妈妈打电话的。当然除非你想让我打。

詹：我不想你打电话。

家长：明白。

詹：很好。

家长：那“她生你的气”是什么意思？

詹：嗯，她对玛格丽特很刻薄。而且玛格丽特不太会保护自己。所以我就经常和玛格丽特一起玩了。我觉得卡拉对此很不满，所以她就不和我一起玩了。

家长：这个问题很棘手。不过我很高兴你能站在玛格丽特一边。

詹：是的，但是目前只有玛格丽特和我玩。卡拉让其他人都不要理我。

家长：哦，很遗憾。

詹：就像奶奶说的一样，好心没得好报。

家长：我不确定你奶奶说的对不对。但是我很遗憾你的好心并没有带来好的结果，至少目前是这样。

詹：无所谓。

家长：嗯。你还好吗？

詹：是的。我是说玛格丽特人很好。她确实很安静，但是一旦开口说话就会变得非常有趣。而且我还有足球队里的朋友呢。

家长：但是我猜之前的好朋友都不理你了，你还是会很难过的。

詹：是的。

家长：需要我帮忙吗？

詹：不用。我是说，我不知道你能做些什么。

家长：哦，你放心，在和你商量之前我不会擅自行动的。但是我在想我们怎么做可以扭转现在的糟糕局面。

詹：你了解卡拉的。一旦她认定一个人是什么样的，谁都改变不了她的想法。我的意思是，我是想和她继续做朋友，但是一看到她待人那么刻薄，我就不想了。现在她对我也很刻薄。

家长：好吧。学校里有人知道这件事吗？

詹：你是说，比如，老师们？

家长：是的。

詹：他们才不在意这些芝麻小事。

家长：哦，可能吧。但是他们应该在意的。

詹：不要给我的老师们打电话！

家长：詹，别担心，我不会给任何人打电话的。我们这不是在聊天吗。就像我们平时那样。

詹：我其实不应该和你说这事的。

家长：不应该？为什么？

詹：我不知道。我应该能自己处理好这件事的。

家长：我知道。但为什么不应该和我说这件事呢？

詹：因为我这么大的孩子不应该再需要父母的帮助了。

家长：嗯。是吗？我现在还会和爷爷奶奶说我的烦心事呢。

詹：真的吗？

家长：是啊。有时候他们会给我提一些我没有想到的建议。而且有时候能有人和你谈心也是很不错的。

詹：嗯，但是我觉得在这件事上我们无能为力。

家长：可能吧。那你打算怎么办呢？

詹：我想再等等看。说不定卡拉会冷静下来的。

家长：好吧。无论情况变糟……或好转都要告诉我。因为我们不能任由它这么发展下去。你明白我的意思吗？

詹：明白。

这段对话以方案B开始，后来又转向了方案C，至少现在是尊重了孩子的意愿。但是家长还是从中了解到了一些重要信息。如果家长决定不搁置这个问题，那他或她就会回到方案B上继续讨论直到找到一个现实可行的、能让双方都满意的解决办法。一般情况下，你进行干预的紧迫感都是由具体情况决定的。

即使需要很长时间才能解决问题，还能说明方案B起作用了吗？是的，如果你了解到了孩子更多的顾虑就说明它起作用了。如果孩子愿意听并且理解你的顾虑就说明它起作用了。如果你和你的孩子一起努力去打消你的顾虑就说明它起作用了。而且说它起作用了是因为你在告诉孩子你是可信赖的，你很关心她，你想了解她的近况，你知道怎么才能做一个合格的合作伙伴。

如果方案B解决不了孩子在学习或同伴之间遇到的问题，尤其是那些已成痼疾问题，你就要寻求专业的指导意见了。但如果你决定和孩子合作而不是单方面采取行动，那让孩子去和专业人士沟通，肯定会事半功倍的。

◆ 青春期：酒精和性

对一些孩子来说，进入青春期就意味着一生中最动荡混乱的时期已经结束了。但是对那些青春期早期过得相对平静的孩子来说，这时候他们才刚刚开始躁动起来。

同辈关系和学业问题依然非常严峻，但是现在其中又混杂了酒精和性（尽管可能很早就有这些问题了），还有诸如驾驶、大学入学考试和大学申请等问题。这时候你依然想发挥你的影响力，引发矛盾的可能性就很大了。

现在你的孩子大概已经对你的价值观、人生智慧和经验了如指掌了。最大的问题在于，你和你的孩子是否也同样明了你对他的期盼。如果你不清楚你有什么期望，你的孩子（和她的同龄人）会认为你的心态就是“怎么都行”，也就是说“什么事情”你都能接受。这样就无从判断孩子是否满足了你对他的期望了。

当然，如果你非常清楚对孩子的期望，那么你处理问题的方式也会相应地很明确：密切观察，看看你的孩子是否能独立解决问题（方案C）；调整或者至少现在暂时搁置某一个期望（还是方案C）；单方面采取强制性行动（方案A）；或者合作找出现实可行的、令双方都满意的解决方法（方案B）。

让我们言归正传。如果孩子在聚会上喝了点啤酒，你能接受吗？如果有专门司机开车，那再多喝一点啤酒，你能接受吗？或者你是绝对禁止喝酒呢？如果你和孩子在完全禁止饮酒方面产生了分歧，你会做多大的变通？

那其他东西呢？莫利（类似摇头丸的新型毒品）？可卡因？海洛因目前是越来越受欢迎了。

你想要告诉孩子男女朋友之间应该如何相处吗？当荷尔蒙（也有可能是她的男朋友或其他朋友）诱导她快，快，快，快去找她男朋友时，你一定要清楚你对此的期望是不行，不行，不行还是慢，慢，慢，放慢你的脚步，或者你是否会任由她自己决定何去何从。

你能接受随随便便就发生性关系吗？或者你坚决认为身体接触之前一定要明确两人的恋爱关系？你能接受包括性行为在内的所有行为吗？你能接受不会造成怀孕或者传播疾病的性行为吗？你会给孩子提供避孕措施吗？你能接受学校教导孩子采取或者给他们提供避孕措施吗？

你想多大程度上参与到孩子为大学入学考试的准备中？你想在多大程度上帮助孩子进行大学申请？你想在多大程度上帮助孩子决定是上大学还是另谋他路？

现在，我们来谈谈你该如何处理这些分歧吧，尽管你可做的选择和之前我们讨论的没什么区别。

假设你女儿和男朋友已经认真交往了一段时间，并且你隐约感觉到，或者你非常清楚他们下一步就要发生性关系了。你可能会告诉她你相信她的本能，相信她足够聪明，知道如何避免怀孕或感染性疾病，然后密切关注，看看她能否自己处理好这个问题（方案 C）。

方案 A 则会使你直接禁止她和男朋友发生性关系，而且如果她不听你的话，你就禁止她再和那个男孩约会。如果这个问题你采取了强制性措施，这样有可能导致孩子不再和你对此进行交流。

那如果使用方案 B 会怎么样呢？

家长：有件事我们得谈谈了。

克莱尔：不，拜托了。

家长：不，拜托了，什么意思？

克莱尔：你是想说罗比的事，对吗？

家长：非常正确。

克莱尔：我不想谈罗比的事。

家长：你不用跟我说罗比的事，而且我们也不一定非得现在就说。我只是想和你说明几点。

克莱尔：最好不要说。

家长：我敢肯定你们两个人都很认真，不是随随便便谈情说爱的。而且我觉得我们简单说说你们的事也不犯法吧。

克莱尔：但是太让人难为情了。

家长：我倒不认为这会让人难为情。

克莱尔：那你到底担心什么？我们什么都没做！

家长：嗯，我知道你们这个年龄的孩子们交往一段时间后，就会发生关系的。我想知道你现在还好吗？

克莱尔：我很好，谢谢你。

家长：好。我想多了解一些你们的事情。

克莱尔：难道你不觉得这是我自己的事情吗？

家长：我当然同意这是你自己的事情。但是我觉得这也与我相关啊。

克莱尔：好吧，但是现在不要谈。我得做好和你谈的心理准备。

家长：那什么时候？

克莱尔：周日晚上。不，等一下，周日整个晚上我都会担心第二天上学的事情。嗯……周六晚上吧，曲棍球训练结束后。

家长：你确定周六晚上谈？

克莱尔：不，我根本就不想和你谈。

家长：我觉得没你想象的那么糟糕。

克莱尔：我觉得肯定比我想的还要糟糕。我向你保证如果要做什么，比如比较严重的事情，我们会带避孕套的，行吗？

家长：嗯，会做什么严重的事情吗？

克莱尔：我不知道。

家长：你想要发生什么严重的事情吗？

克莱尔：我不知道。

家长：罗比想要发生什么严重的事情吗？

克莱尔：是的。

家长：那罗比知道你还没做好准备吗？

克莱尔：知道。所以我们还什么都没做。

家长：罗比强迫你了吗？

克莱尔：没有。

家长：你看我们已经聊到这儿了。我们接着聊，好吗？

克莱尔：哦，老天爷。

家长：聊这个有那么糟糕吗？

克莱尔：倒没有那么糟糕。只是这是隐私，是……我的事情。

家长：是的。我同意这是你自己的事情。但是，嗯，但是我应该确保你的安全，应该知道你想清楚这件事了，而且你谈恋爱或者发生关系会让我措手不及的。当然这并不是说你不能通过自己的思考去想清楚这件事。

我只是想关心你，希望你做的一切都有意义。

克莱尔：你一直告诫我爱情毫无意义。

家长：是的，导致怀孕的爱情绝对是毫无意义的。因此而得病的爱情也是毫无意义的。

克莱尔：学校有免费的避孕套。

家长：是的，我知道。你确定你们两个都知道怎么用吗？

克莱尔：我在学校上过心理健康课，好像是六年以前。看起来并不复杂。

家长：如果你不知道是不是准备好这么做了，就说明你还没准备好，我这么说对吗？

克莱尔：我不知道。

家长：因为你清楚，当情到浓时就很难拒绝了。

克莱尔：天啊！

家长：我说的对吗？

克莱尔：真不敢相信我们竟然在说这个。

家长：为什么我们就不能说这个了？

克莱尔：我不知道。

家长：好吧，听起来感觉你并不想被强迫去做什么事情。

克莱尔：你认为我会让自己甘愿受强迫去做什么事情，这有点像是侮辱我。而且感觉你认为我交往的对象是会强迫我做什么事情的人。

家长：我倒没有这么想。我只是想和你确定一下。看起来你想过要做避孕措施了。

克莱尔：是的，妈妈。

家长：能和我说说对于这件事你有什么顾虑吗？

克莱尔：也许会吧。

家长：你认为你情感上做好充分的准备了吗？

克莱尔：做好准备之前我什么都不会做的。就像你经常说的，直到事情真的发生了你才知道你是否做好准备了。但是如果真的发生了——我并不是说就要发生了——但是如果真的发生了而且我感到不舒服了，我会告诉你的。

家长：好吧。

克莱尔：我们说完了吗？

家长：说完了。

克莱尔：我认为对你来说更难开口谈论这件事。

家长：我想你说对了。

你之前就打下的解决问题和处理困扰的对话基础对现在处理青春期孩子的问题依然很有帮助。虽然它们并不能保证所有问题都能得到顺利解决，但是绝对是有助于问题的解决的。

◆ 大学及以后：依然需要一个合作伙伴

当你的孩子离开温暖的家去上大学或进入社会后，你就自认为已经完成抚养任务了？拜托，这是不可能的。然而，即使此时父母还能控制孩子的生活，大多数的父母还是不得不承认，从今以后孩子们的生活将完全不受他们的控制。不过还好，现在你的孩子已经很清楚自己拥有的生活技能、喜好、信念、价值观、人格特质、人生目标和方向，尽管这个发现旅程总会因生活经历不断调整。但是你的人生经验、智慧和价值观依然还在，并且你的孩子现在可能更容易接受你对此的分享。事实上，她甚至会主动去寻求你的教导。你的孩子依然需要一个合作伙伴，只是可能不像以前那么强烈，而且现在基本都是以她的需求为标准。但是方案 B 的种种要素不会随年龄而发生变化的。

如何处理影响你孩子生活的问题，以及你这样做时给孩子传递了什么信息决定了你们的关系如何、你们的沟通方式、你是否有影响力，以及是否确实解决了问题。请允许我一再重复，但是事实就是一分耕耘，一分收获。我听到许多父母高兴地说他们的孩子终于长大了，因为在孩子青春期时甚至可能童年时期他们的关系非常糟糕，但是他们现在可以坐下来交流了。关系有所改善当然很好，但是其实他们本可以一直这么友好的交流和合作的。当然，我也知道有些父母和孩子的冲突、争吵的关系一直没有得到改善。你想作为合作伙伴一直伴随孩子的成长。虽然在整个成长过程中你的孩子对你的依赖可能会不断发生变化，但她确实需要你陪伴她走过人生的每一步。当她告诉你她不再像之前那么需要合作伙伴的时候，你就有理由确信你一直是一个很好的合作伙伴了。

疑问 & 解惑

Q：看过很多案例，感觉方案 B 很容易实施！但是为什么我用起来那么费劲呢？

A：方案 B 确实不好实施。你看到的例子中，有些是进展得比较顺利的，还有些就困难一些。有些话题比其他话题更容易展开讨论。但是最大的困难通常在于孩子不愿意参与讨论，多半是因为她已经对方案 A 习以为常了，并且还没注意到你正在以更温和、少惩罚、更有合作倾向的方式和她进行交谈。因此要花点时间去等她慢慢领会；同时，就像你看到的一些案例，对于方案 B，她的态度通常是半推半就的。那就再等等。即使感觉你的孩子言谈中拒绝和你交谈，那也通常表明她已经逐渐——即使依然很勉强地——参与到你的对话中了。这就是进步。

但是即使通过数次方案 B 的尝试，你的孩子还是不乐意向你透露任何信息。这通常表明她的独立性越来越强了，也可能表明只是父母不喜欢孩子这种表示“拒绝”的方式。尽量不要因为孩子的语气或者态度而感到气恼。即使孩子态度不够好，你也无需太在意，毕竟如果她最终说出了自己的顾虑，倾听了你的顾虑，并提出了可能的解决方式，这就是进步。太多的家长因为孩子的态度而抓狂，以至于忽略了孩子其实已经慢慢参与进来了。可能这还不够令父母满意，但是总比方案 A 或方案 C 效果更好吧。

Q：这一章让我想起了孩子小的时候。我当时很清楚要和她建立什么样的关系。但是因为天天为生活而忙碌，很快就忘记了当时的初衷。对此您有什么建议吗？

A：确实是很容易就放弃了自己的立场。我们都太忙了。而且随着孩子年龄的增长，对孩子寄予的期望逐渐增多，风险也随之加大，很多家长不再愿意同孩子合作解决问题了。或许想想孩子长大后会怎么评价父母会有助于你回心转意，考虑重新和孩子建立合作的伙伴关系。或许你可以在孩子小的时候记录下你的初衷以备将来参考。你说对了一点：随着时间的流逝，很多事情会变得越来越模糊。有许多的可能性：

任何事情都可能让妈妈发怒，所以我们根本不可能坐下来谈心。

爸爸是个非常好的听众。

妈妈很关心我。

爸爸是个善解人意的人。

我们从来不交流。我想他得一直忙着养家，所以没时间和我交流。

她对我的兴趣没有任何兴趣。

我认为他不是很了解我。

他虽然工作很忙，但是从来不缺席我的任何一个活动。

即使我把事情搞砸了，她也会一直支持我。

我觉得我不能犯任何错误，因为他总是反应过激。

我觉得他总是保持他的权威角色，等我长大后我不能像他那样。

他要求自己永不犯错。

她总是让我觉得自己不够好。

他事事都想占上风。

她很聪明，而且她总是知道我什么时候想听她分享她的智慧。

她爱我，但是我一直不确定她是不是真的喜欢我。

他能接受我的一切。

她通过批评我以表示对我的关心——我希望她能以其他方式来表达对我的关心。

你希望孩子对你做何评价？现在就应该开始思考了。

Q：如果使用方案 B 时，我和孩子的顾虑存在直接的冲突该怎么办？

A：顾虑本身不可能存在直接冲突，尽管它们可能反映的观点完全不同。只有当你忽略了对方的顾虑，或者直接提出你的解决方案的时候，才会真的引发冲突，而且这种冲突的形式并不是互不相容的顾虑，而是无法协调的解决方法（也就是我们之前所说的权力斗争）。例证如下：

孩子：我能在凯特琳家过夜吗？

家长：当然可以，如果她妈妈在家的话。

孩子：我想她妈妈在上夜班，所以她不会在家。

家长：那就不能在她家过夜。

孩子：为什么？

家长：还有谁会在她家过夜？

孩子：特蕾莎和乔尼。

家长：你开玩笑吧。特蕾莎和乔尼太野了——你知道他们的父母竟然允许他们喝酒和吸毒。而且你之前告诉过我，凯特琳和他们在一起的时候也有点疯狂。

孩子：是的，但是我不喝酒，也不吸毒。

家长：我不想让你受到诱惑。如果他们三个都喝酒和吸毒，我想你也很难保证不会被拉进去。

孩子：他们知道我不会碰那些东西。他们不会拉我下水的。

家长：这没有商量的余地。如果凯特琳妈妈不在家，我是不会同意你在她家过夜的。

孩子：你认为凯特琳的妈妈会阻止他们喝酒吸毒吗？其实她在不在家都一样。

家长：对此我很遗憾，但是我的回答就是“不行”。

孩子：那我在她家待会，但是不过夜，行吗？

家长：不行。

孩子：这简直太愚蠢了。你为什么就不能相信我呢？

好了，这就是方案 A 的处理方式。现在最大的问题在于方案 A 是持久地解决问题的最佳方法吗？换句话说，禁止孩子与她的毒、酒都沾的朋友相处真的能防止她喝酒吸毒吗？有没有别的办法可以让这位家长放心呢？我们不妨使用方案 B 来重新调整上述对话。

孩子：我能在凯特琳家过夜吗？

家长：当然可以，如果她妈妈在家的话。

孩子：我想她妈妈在上夜班，所以她不会在家。

家长：那就太糟糕了。还有谁会在她家过夜？

孩子：特蕾莎和乔尼。

家长：真的？你为什么总爱和他们一起玩呢？

孩子：是这样，我其实只是想和凯特琳玩。但是她也邀请特蕾莎和乔尼了。他们也是我的朋友，并且我也愿意和他们玩。我可不想因为我的朋友喝酒、吸毒，我就只能待在家里过周末。

家长：我能理解。有男孩去吗？

孩子：没有男孩。

家长（叹了口气）：我知道你不愿意周六晚上待在家里什么也不干。我也知道你的一些朋友既喝酒又吸毒。但是凯特琳的妈妈不在家看着你们，我确实不放心。

孩子：妈妈，凯特琳的妈妈在不在家都一样。她不会知道我们在地下室干什么的。

家长：好吧。我的顾虑是，我不希望特蕾莎和乔尼强迫你陪他们一起喝酒、吸毒。

孩子：妈妈，他们知道我不会碰那些东西。所以他们不会拉我下水的。

家长：他们真的一点也不会强迫你吗？

孩子：他们给过我酒和毒品。但是我拒绝了。而且如果我不加入他们，他们也不会嘲笑我什么的。他们不是那样的人。

家长：你不会觉得被孤立了吗？

孩子：不会。我觉得很好。

家长：你非得要在她家过夜吗？

孩子：不是。我是说，我想在她家过夜……肯定会很有趣的。但是如果你会因此生气的话我就不在她家过夜了。

家长：嗯……我想凯特琳的妈妈不在家的时候，你要是不在那里过夜我会感觉舒服些。但是如果你真的想在她家过夜，那我选择相信你。

孩子：我们就是看一部恐怖电影，然后就睡觉了。我不会有事的。

家长：但是你最讨厌看恐怖电影了。

孩子：我知道。但是我肯定不会有事的。

家长：如果有让你不舒服的事情发生，你会打电话让我去接你回家吗？

孩子：会的。

家长：我会随身带着我的手机。

孩子：如果有需要我一定给你打电话。

Q：我的另一半不愿采用方案B，甚至不愿意读这本书。有没有什么建议？

A：那就和你的丈夫或妻子进行方案B式的交流。在将心比心环节，你就能发现他或她的想法。他还是用老一套的思维方式抚养孩子吗？她是担心自己缺乏使用方案B的技能吗？还是他认为合作就等同于屈服呢？她是害怕在使用方案B时，她的顾虑得不到重视和解决吗？

许多大人使用方案A完全是出于习惯。或许并没有什么强烈的信念去指导他们使用方案A；他们就是在方案A的环境中长大的，对此他们从来没有做过任何思考。我们的目标是帮助他们去思考，尤其是让他们想想平时制订的纪律或原则是否真的能解决问题。

有一个选择——当你读丹和克莉丝汀的对话时——就是让不愿意使用方案B的夫妻一方坐下来旁观方案B的使用过程。当然能让他或她坐下来参与到方案B的交谈中已经是一个很好的开端了。当他们看到方案B确实起作用并且了解了方案B的使用流程时，他们就会更乐意去实践方案B了。

Q：但是我丈夫说他小时候方案A在他身上很管用。我该怎么回应他呢？

A：那得看他说“很管用”是什么意思了。可能稍作思考后，他会认识到，作为孩子，如果他的顾虑得到了重视，并且被邀请一起解决影响他生活的问题，这本该是一件很美好的事情。甚至，他还可能会认为那本应该是为进入现实世界做的充分的准备。

Q：我被教导过父母双方在孩子面前要保持一致，这很重要，这样孩子就不会有意见“分裂”的感觉。那么，如果一位家长运用了方案 A，而另一位家长不认同这种做法，你对这种情况有什么建议？

A：在这种情况下，孩子并不是那个有意见“分裂”感觉的人。如果一位家长坚持使用方案 A 去解决问题，而另一位家长不认同这种做法，那是家长之间在如何解决问题方面产生了“分裂”意见。如果一位家长认为某一个问题亟待解决，而另一位家长不认同，那他们对问题本身也产生了“分裂”意见。因此家长需要消除分歧，在要解决什么问题和暂时搁置什么问题上达成共识。然后他们就要去思考方案 A 是否真的能解决那个亟待要解决的问题。最后，他们需要有良好的默契一起去使用方案 B。

Q：你能简要谈谈方案 B 和复原力、自我认同之间的关系吗？

A：复原力和自我认同是当今社会的流行用语，但是我应该仔细思考下它们的真正含义。复原力是指面对挑战、逐步征服挑战然后更强势反弹回去的能力。当第一个解决方案解决不了问题时，你要重新审视这个问题，然后和他人一起找出更现实可行、更令双方都满意的解决方案，以此来培养复原力。自我认同反映了一个人在面对生活中各种各样的期望时表现出来的自知和征服感。许多家长告诉我，他们的孩子自我认同感很低，就是说他们自我感觉很差。但是你应该正在帮助孩子培养正确的自知，并通过培养孩子系统的、有组织的、积极的、合作的解决问题的习惯来帮助她培养征服感。解决的问题越多，她的征服感就越强，而且这种征服感不仅仅是针对现有的问题，还针对从未出现过的新问题。

Q：那自我认同感呢？

A：如果你的孩子相信他的顾虑是有效的并会得到重视；如果他自信他所表达的顾虑别人都能理解了；如果他有能力提出既现实可行又能令双方都满意的解决方案；如果他对目前的生活状态感觉良好，并能按照自己的技能、喜好、信仰、价值观、人格特征、生活目标和方向去生活；如果他能从你的智慧、人生经验和价值观中受益；那说明他具有很强的自我认同感。

Q：如果你的孩子不诚实，是不是就无法合作解决问题了？

A：不诚实通常是方案 A 的副产品，因为这是孩子试图避免使你愤怒或抓狂而作出的反应。但是你的愤怒并不会让孩子变得更诚实。正如你学到的，当你努力探寻孩子的顾虑并和她一起解决问题的时候，她就根本不会再对你撒谎了。

Q：你能简要说说孩子对家长的不尊重的态度吗？

A：孩子对成年人的不尊重的态度也通常是方案 A 的副产品。当成年人了解并阐明孩子的顾虑时，尤其是当他们客观对待并重视这些顾虑时，孩子会有一种被尊重感，并且会努力回报这种尊重。因此，当你的孩子说，“你是世界上最糟糕的家长”时，说明你要用合作的方式去解决某个问题了（可能你正在用方案 A 解决这个问题）。当你的孩子说“我讨厌你”时，说明你要用合作的方式去解决某个问题了（可能你正在用方案 A 解决这个问题）。你使用方案 B 的次数越多，你的孩子说这些话的可能性就越小。

布兰顿家

决定用自己的方法帮助儿子补习历史，和男友爆发冲突

和谢丽尔交流过后，像往常一样，凯拉一下班就直接去布兰顿的房间了。这次他正在床上坐着，面前摆了几本书。

“你睡醒了？”

“我睡不着。”布兰顿说。

凯拉挨着布兰顿在床边坐下：“很遗憾。你在看什么书？”

“历史。”

“哦。我还不知道你在研究历史，哪方面的呢？”

“现在正在看第一次世界大战。”

“有趣吗？”

“有点吧。但和奥特太太讲的方式不一样。她上课一直在讲，我们还必须把她讲的内容都记下来，其实大部分时间我都不知道她在讲什么。”

“哦，”凯拉说，“那你现在是在补习她的这门课程喽？”

“是的，但是一点用也没有，考试的时候她只考上课讲的内容。”

“你是不是跟不上她上课的内容？”

布兰顿点了点头：“所以在她的课上我的成绩一直不太好。”

托尼在门口出现了：“一切都好吗？”

“是的，都很好。”凯拉回答。

“他怎么还没起床？”

“我们在聊天，”凯拉说，“没事的。”

托尼举起布兰顿的病例卡。“嗯，现在还没起床，这可不好啊。”托尼说。凯拉突然想起来她上班之前把病历卡落在梳妆台上了。布兰顿很害怕。

“我们正在说这事呢。”

托尼走进卧室：“依我看，你俩在这儿已经聊了很多了。你快被他给骗了，当然这与我无关。但是我决不能容忍被别人当傻子来耍，尤其是被孩子耍。”

“我想他没有欺骗任何人。”凯拉说。

“每天晚上我都问他要不要我帮他复习功课，他总说他能应付得了。历史不及格可不代表‘应付得了’。数学成绩是‘中’，刚刚及格，也不代表‘应付得了’”。老天爷，你打算被他骗多久？”

“我没有受到任何欺骗，”凯拉说，“他知道他得把成绩提上来。”

“他明白？是吗？他真的明白？”托尼盯着布兰顿，“赶紧给我起床。”

布兰顿瞪大了双眼，一动也没动。

“托尼，你先不要管这件事。”凯拉恳求他。

“我不管？去你的吧。”托尼说着就伸手去拽布兰顿的胳膊，打算把他从床上拽下来。凯拉把他的胳膊推开了。

“别碰他，”她生气了，“我说过不用你管。”

托尼抓住凯拉的胳膊，打算把她推开。这时候布兰顿跳起来挡住了托尼的胳膊。托尼一甩手直接把布兰顿扔地上了。

“你别管他！”凯拉对托尼大声喊道。

布兰顿从地上爬起来打算把托尼弄倒，托尼可是比他要重两倍还多。托尼又把他推倒了。凯拉挡在了两人中间：“我说过你别管他。”

托尼盯着凯拉，幸灾乐祸地笑着。“我才不管他呢，”他说，“你就让他毁了自己的生活吧，那是你自找的。他是你儿子。”

托尼大步走了出去。凯拉崩溃地大哭起来。布兰顿走过去安慰她：“对不起，妈妈。”

从这件事上我们能学到什么？就是你已经知道的：当自己的顾虑得不到重视的时候，人类就会不顾一切地展示出最不可取的性格特征，随之而来的就是单方面做出决定，按照自己的意愿去解决问题。

汉克家

把孩子聚集在一起，互相协商，安排出最合适的时间表，达成一致

丹尼斯安排了一次夏洛特、汉克和她之间的谈话，他们现在都围着餐桌坐下了。她保证汉克和夏洛特不挨着坐。

“我能坐在你腿上吗，妈妈？”夏洛特问。

“现在我更希望你能坐在椅子上，”丹尼斯说，“但是我们解决完这个问题后，你就能坐到我腿上了。”

汉克开始耍活宝。“我把大家召集到一起开会是为了……”他模仿外交官的语气宣布。

丹尼斯打断他的话：“我们开始吧。我一会还得准备晚饭……或者我可以订一个比萨。”

“我想吃比萨！”汉克突然喊道。

“嗯，好吧……但是这可不是我们今天要谈的重点。”丹尼斯深吸了一口气，然后开始实践方案B，“我现在要和你们两个说说看电视的问题，之前我已经了解了你们各自的顾虑。现在我想把这些顾虑都摆出来，这样我们才能想出一个适合所有人的解决办法。”

看到两个孩子都没有反对，丹尼斯继续说：“汉克，你的顾虑是夏洛特老是看电视，这样你就不能随时看你喜欢的节目了。夏洛特，你的顾虑是汉克总是强迫你看他喜欢的节目。我说的对吗？”

“你说的很对，妈妈。”夏洛特说。

“别忘了说你最喜欢她，老是维护她的事。”汉克说。

“不能说我最喜欢她了，我知道你觉得我总是维护她，但是现在我谁也不维护，应该说，每个人我都会维护的……嗯……说不清楚了，随便吧。我想，如果我们能把这个问题解决了，你就不会觉得我总是维护她了，因为我们打算找出一个对你们两个都适用的解决方案。”

汉克和夏洛特都没有再做补充，所以丹尼斯接着说：“我在想，有没有一个办法，”她开始试用方案B了，她知道她必须要兼顾到两个孩子的顾虑，“我们能保证汉克既能看他喜欢的节目，又不会强迫夏洛特非得跟着他一起看。”接着她停下来让孩子们去提建议，“现在，你们两个人都跟我说说你们的解决办法，既然我们坐在一起了，那就再听听你们各自的观点吧。”

“你可以让爸爸多给你点钱，这样就能再给我买一个电视了。”汉克说。

丹尼斯拿不准汉克是不是认真的：“嗯，我认为你爸爸不会多给我钱的。夏洛特，你的意见呢？”

“我说过，我们可以制订一个时间表，”夏洛特说，“规定好我看电视的时间和汉克看电视的时间。”

丹尼斯看了看汉克：“你觉得这个想法怎么样？”她担心他会不假思索地拒绝妹妹的任何一条建议。但是他的回答令她很吃惊。

“你是说，你可以在某些时候看电视，我可以在另一些时候看电视？”

夏洛特点了点头：“妈妈，既然问题已经解决了，我能坐在你腿上吗？”

“你是什么啊，哈巴狗吗？”汉克嘲笑她。

丹尼斯想把话题转回来："汉克，闭嘴。严肃点，你觉得这个电视时间表怎么样？"

"我可以接受，"汉克说，"反正我的节目都是录播的。只是夏洛特总觉得电视是她的，我要不把遥控器夺过来我就看不了电视。"

"我没说电视是我的。"夏洛特反驳道。

"那你为什么总是……"

丹尼斯把争吵遏制在了萌芽状态："嘿！电视是我的！我们能回到正题上吗？夏洛特，你想什么时候看电视？"

"我从特拉雅诺太太那里回来后。"夏洛特说，特拉雅诺太太是负责白天照顾她的人。

"那就是大概晚上六点左右，"丹尼斯解释道，"你基本上是一放学就回家，所以你就在夏洛特回家之前看电视。"

"可以，但是到家后我必须得写作业，"汉克说，"所以我不想那时候看电视，我想晚点看。"

"你一般在三点半左右到家。你写作业需要多长时间？"

"至少两个小时。"

"你一到家就立刻写作业吗？"

"不，"汉克说，"我会先休息一会。但是不是看电视休息。"

"那我陪夏洛特睡觉的时候你能看电视吗？"

"我想可以。"

"那么，如果我们要制订一个计划，那我们得先知道你们两个都想什么时间看电视。"

汉克提了个建议：“夏洛特六点从特拉雅诺太太那里回来后看一个小时的电视，我从七点开始看，怎么样？”

“那我看多久电视？”夏洛特问。

“一个小时，”汉克回答，“两集《摩登家庭》……或者一集《飞哥与小佛》和一集《狗狗博客》。”

夏洛特似乎很满意。

“你能接受吗，夏洛特。”

夏洛特点了点头。

“汉克，然后你开始看电视？”丹尼斯问。

“是的。”

“那要是我想让我们一家人一起吃饭，就像我们往常那样，怎么办呢？”丹尼斯问，“要是和她看电视的时间冲突了怎么办？”

汉克坚持：“她只能看一个小时，即使中间还得吃饭。”

夏洛特想了想：“我能和汉克一起看电视吗？”

汉克吃惊地看着她：“你是说和我看《创智赢家》？”

“是的。我觉得洛丽很漂亮。她的衣服也很漂亮。”

“你可以和我一起看，”汉克说，“但是不能吵着让我换台。也不能让我给你解释节目内容。”

“我不会问你任何问题的，”夏洛特说，“妈妈，我现在能坐到你腿上了吗？”

“我们商量好了？”丹尼斯问。

“好了。”汉克回答。

“好了。”夏洛特回答。

“需要我把这个计划写下来吗？你们还有什么要求吗？”丹尼斯问道。

“不用，我们都明白了。”汉克回答。

效果还不错，丹尼斯想。然后她订了一份比萨。

你第一次尝试和两兄妹实践方案 B 时可能不会这么顺利，当然也有可能会同样顺利。不过一般不会这么顺利。你可能要先改掉之前的会造成不良影响的说话习惯。但是一定要坚持以下原则：先让一个孩子阐述顾虑，并且另一个孩子不要打断他；接着另一个孩子阐述顾虑，同样不能被打断；然后找出能够化解双方顾虑的解决方案。记住，你是解决问题的推动者，不是问题调解员。

泰勒家

三个人坐在一起，决定按照父亲的办法试着解决行踪的问题

丹和克莉丝汀开车去商场。

“我和泰勒聊过我们总是不知道她在哪儿的问题了。”丹开启了话题。

“你和她说了？”克莉丝汀问。

“是的，前几天。”

“然后呢？”

“然后我们想出了一个解决办法。但是我得确定下你是不是同意。”

“什么办法？”

“她每小时会给我们发一次短信，告诉我们她是否安全，她在哪里。如果她没有发短信，我们可以给她发短信。”

“那和我给她打电话有什么区别？老天，那个孩子从来都不让人省心。”

“嗯，我觉得还是有区别的，”丹说，“你给她打电话，她的朋友就会知道是你打过去的。这会令人很难堪。但是她要是收到了信息，这条信息有可能是来自任何人。这更像匿名短信，让人更舒服些。”

“就是说，妈妈想要知道孩子是否安全会让她难堪了！”克莉丝汀生气了。

“我想，对于她这个年龄的孩子来说，这样会让她难堪的。尤其是当

妈妈总是频繁地打电话的时候。”

“那要是她不给我们发短信怎么办？她要是不回我的短信怎么办？”

“那我们就再找她谈。但是我觉得这个办法可行。而且很明显，我们现在的做法根本行不通。”

克莉丝汀本想再做讽刺，话到嘴边又咽下去了。她深吸了一口气，说：“好吧，这就是你们的办法。很高兴你和我们的女儿能互吐心声。我却不能，这太让人难受了。”

“是的，问题就在这儿。我还没有同意这个办法。我告诉她我们得听听你的意见。我觉得我们需要一起，我们三个人一起做最终决定。”

“我们三个？那会把整件事情搞砸的。我同意这个办法。你告诉她就行了。我不想搞砸这一切。”

“嗯，我可不想一个人和泰勒去解决这个问题。”丹说。

“为什么？你很擅长解决问题的。我没法和她交流。”

“我希望我们一起努力去解决这个问题。”

“那我们开一个家庭会议怎么样？要不要再唱一首圣歌啊，唱《到这里来吧》？”

“克莉丝汀，够了。我知道这对你来说很难，但是我们必须试一下。你什么都不用说。我来说。”

“那就自然多了，”克莉丝汀说，“我就背着手在那里坐着就好了。”

“我就是这么说说而已，如果你不愿意的话，你什么都不用说，如果这会让你更舒服些的话。”

“她愿意我们一起谈谈吗？”

“她倒没有多么积极响应，但是她还是愿意。我非常希望我们三个能相处得更融洽些，尽管她也怀疑这是否能实现。”丹拐进了一个停车场。

“我可不想成为整个事件的薄弱环节。”克莉丝汀说。

几天以后，丹、克莉丝汀和泰勒在泰勒房间里进行他们之前约好的谈话。

泰勒先开口：“这太怪异了。”

“是的，确实有点奇怪，”丹说，“我们并不经常这么坐下来聊天。”

“我们根本就**没有**像这样坐下来聊过天！”泰勒说，“当然，像这样三个人一起。”泰勒看着克莉丝汀：“你有什么要说的吗？”

“基本上没有，”克莉丝汀回答，“我想你和爸爸两个人说可能更好些。”

“爸爸和我已经说过了！”泰勒说。

“是的，”丹说，“但是我希望你妈妈也能同意我们之前达成的协议，所以我们才有今天的会面。”

克莉丝汀转了转眼珠子：“好吧，那我们开始吧。”

“好，”丹开始说，“你和我都同意你每个小时给我们发一次信息，告诉我们你很安全和你在哪里。你妈妈也表示同意。”

“就是说，如果我没在学校，或者没学跳舞，或者没练排球，我才需要给你们发信息？”

“是的。如果我们知道你在哪里，你就没必要给我们发信息了。”丹说。

“那我什么时候应该给你们发信息呢？比如说，快到一个小时的时候给你们发信息吗？”

“当然可以，”丹边说边看克里丝汀，征求她的同意。克莉丝汀点了点头。

“如果我当时，假如正在跳舞，没法发信息呢？”泰勒补充。

“不是，跳舞是你不需要给我们发信息的时刻之一。”丹说。

“那我要是忘了呢？”泰勒问。

“那我们就给你发信息，”丹回答，“按照我们之前说的做。”

“那她就不会给我打电话了吧？”泰勒问。

“如果这个计划行得通，她就没必要给你打电话了。”丹说。

“如果她问了一些我没必要当时就回答的问题怎么办？我可以晚点再回复她吗？”泰勒问。

“那她就等着你晚点回复。”丹回答，又看了看克莉丝汀。她再次点头。

“好吧，就这么定了，”泰勒说，“还有什么要说的吗？”

克莉丝汀再也忍不住了：“你真的会这么做吗？”

“我就知道你不可能一句话也不说！”泰勒嚷道。

“我只是想知道你是否真的能做到。”克莉丝汀说。

“那你能不能不再每五分钟就给我打一次电话呢？”泰勒要求。

“嘿！都不要说了！”丹说，“我今天把大家聚在一起的前提是我们都能执行我们达成的协议。如果做不到，那我们就不应该同意这次见面。如果这个办法行不通，我们再接着想其他办法。”

泰勒和克莉丝汀都不说话了。

“那就这么定了，能不能行得通，就让我们拭目以待吧。”丹说。

“我们说完了？”泰勒边问边拿起了她的手机。

“是的，我想是的。”丹说。

丹和克莉丝汀离开了泰勒的卧室。

“她太不懂礼貌了。”当他们走到厨房的时候克莉丝汀说。

“我倒没觉得；但是我觉得这已经很顺利了，”丹说，“不管怎样，这总比你们天天吵架好。”

“我觉得她肯定做不到。”克莉丝汀说。

“可能吧。但是我觉得她会做到的。”

“那每次出现问题时，我们都要这样和泰勒一起解决问题吗？”克莉丝汀问。

“是啊，为什么不呢？”丹说，“而且有一个更好的消息。出现问题后，我不用每次都得找她解决问题了。我可不想总是充当中间人。我觉得你也可以试一下。”

如果一位家长比另一位家长更擅长执行方案 B，至少一开始的时候，这样也行吗？这绝对是避免不了的。如果只依靠一位家长去执行方案 B，可以吗？这并不是很好，但是总比没有执行方案 B 的人要好很多。但是我们的目标是让从心里更赞同方案 B 的那位家长去帮助另一位家长接受并使用方案 B，而不是让两位家长别别扭扭地使用方案 B。最糟糕的情况是，家长双方对孩子的期望无法达成一致，这样孩子就不得不分别去满足不同的期望；还有，当一位家长坚持使用方案 A，而另一位家长试图用方案 B

去解决问题的时候，这也不是理想的情况。抚养孩子也是一种伙伴关系，父母也需要互相合作。

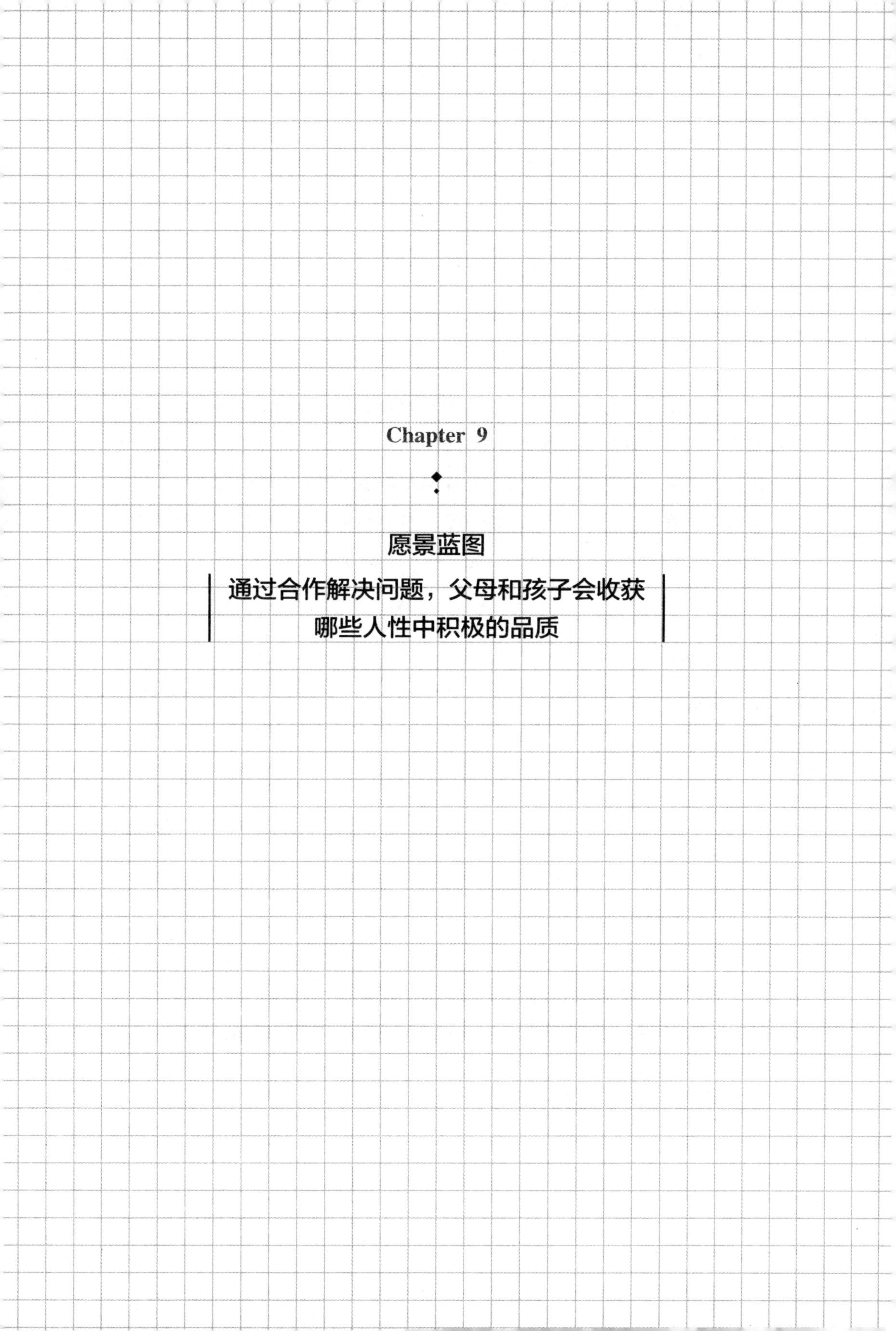

Chapter 9

愿景蓝图

通过合作解决问题，父母和孩子会收获哪些人性中积极的品质

终于到了万众期待的第九章。你已经比想象中更加了解如何通过合作解决问题了。现在我们准备更加明确地考虑促使你按照书中提到的那些方法为人父母的最重要的原因了：你希望培养孩子拥有人性中哪些更加积极的特质。在所有积极的人性品质中，哪些是最重要的呢？哪些应该是我们最迫切需要确保孩子获得的品质呢？以下这些是其中最重要的几点：

同情心

理解个人的行为如何影响他人

和平地解决分歧

为他人着想

诚实

当这些技能出现时，我们就会展现出同情与合作。当这些技能缺席时，人性中的阴暗面就会抬头，比如说：不敏感、冲突、自私、堕落和毁灭。正如在前面讨论的那样，在不同的条件下，这两种极端的情绪都可能会在我们身上出现。

哈拉瑞（《人类大历史：从野兽到扮演上帝》的作者）和史蒂芬·平克

（《人性中的善良天使：暴力为什么会减少》的作者）告诉我们，现在的地球比以前更加平和。但是看起来并非如此。被剥夺权利、被边缘化的人们看起来越来越倾向于采取极端的行为来获取关注，而且他们越来越容易获得武器。我们地区、国家和世界的领导人看起来也是越来越听不到彼此的关切呼吁，越来越找不到共同的立场，越来越无法朝着令双方满意的解决方案努力了。最终陷入了僵局、两极化、公然为敌的尴尬局面。于是我们发现，地区、国家、世界的领导人和为人父母的人一样，都容易进入事与愿违的模式。毕竟，他们也是人啊。

所以我们又回到了在引言中提到的一个问题。我们在孩子的管教和教育上，在与孩子的沟通中和在帮助孩子解决重大问题中使用的方法能不能使孩子形成积极的人性品质？很遗憾的是从许多例子的证明来看，这个问题的答案是否定的。在我们热情满怀地追求方案 A 的道路上，我们还是热衷于使用强制力来解决问题，因此我们错失了让孩子学习在解决问题时兼顾自己和他人意愿的机会。

另外一个令人担忧的趋势：戴维·布鲁克斯在《品格之路》一书中指出，现在的大学生在体谅他人感觉方面的分数比他们的前辈要低 40 个百分点，但是自恋指数在二十年中增长了 30 个百分点。布鲁克斯先生认为，曾经被道德斗争占据的精神空间已逐渐被个人的胜负欲所占据。由于现在的沟通交流变得更加快捷和繁忙，人们往往忽视了自己内心的呼唤。不断增加的竞争压力意味着我们需要付出更多的时间、精力和注意力才能攀上成功的顶峰。在精英管理系统下，我们拥有远大的理想，自我不断膨胀，完全相信自己，并显示和夸大我们的成就。

我们似乎已经用“个人”取代了“权威父亲”，个人的意愿比权威角色的意愿更为重要。如果是这样的话，我们需要在价值观上进行一场市场修正。这并不是说，需要回到“过去的美好时光”，因为它们并没有那么美好。这意味着我们需要一个新的模式，一个能够融合自私自利和大公无私的模式。

所以，让我们想想看，这个与众不同的模式是什么样子的。首先要能意识到我们都希望别人听到、证实并且重视我们的意愿。然后还能提供实现我们意愿的方法。因为不管是孩子还是家长，每个人都会在这些条件不能满足的时候出现愤怒、沮丧、被边缘化、被剥夺权利、被异化的感觉，都容易使用暴力和极端行为。

我们寻找的是一种不同的力量。人类真正的力量是我们人性中存在的那些积极的品质。孩子需要通过家长的抚养、教导、约束和沟通来培养这些品质。孩子自己是没有办法自动形成这些品质的。

我们确实也有盲区：我们会因为一些因素对问题和行为反应过激，会比较急躁、强势和独断。在前面的章节你已经看到一些家长的焦虑表现了，我们再多说一些。

压力：生活不容易。抚养孩子也不是一件简单的事情。对于你和孩子来说，成功的竞争也是十分激烈的。这些压力增加了失去风度的可能性，你可能会把孩子逼得太紧，对孩子的反应也会很独断。尽管你非常希望你和孩子做到最好，但是你和孩子的关系才是最重要的。你为人父母的最主要价值不在于帮助孩子获得什么，也就是布鲁克斯先生所说的“简历优势”，而在于你帮助他成为一个什么样的人。尽管你的孩子被名校录取能够客观地证明你为人父母的成功，他充满怜悯和同情的举动同样是你功劳的体现。

优越感：毫无疑问，你的孩子没有你那些经历和学识。但是孩子也是有想法的，他们的技能、喜好、信仰、价值观、人格品质、目标和方向如果运用得当，会很美好。如果运用不当，就会促成“我们 vs. 他们”和“对 vs. 错”的斗争心态，这样的心态会导致我们把过多的精力放在削弱和驳斥彼此上，会忽略彼此的正当需求，不利于取得令双方都满意的结果。

觉得孩子占了上风：是的，从事情的格局上来看，你和孩子之间的商品和服务交换是不对等的。在很多时候孩子会认为是理所当然的。他有时候甚至会忽略掉你的意愿。当你感觉你的意愿被无视的时候，就像我们其他人那样，为了扳回一局，往往会使用强制和独断的方式，有时甚至会以收回商品和服务来威胁孩子。你最好是提醒孩子还有一些期望需要实现，在达成期望之后问题才能得到有效解决。针锋相对可不是解决问题的有效方法。

太过刻意：许多成功人士都是通过付出精力、努力和毅力实现生活中的目标的。这些都是好的品质。但问题是，当他们的孩子不能达到某些期望时，这些成功人士就会投入大量的精力、努力和毅力去确保这些期望得以实现。这往往会造成他们对于孩子技能、喜好、信仰、价值观、人格特质、目标和方向的忽视，会错过孩子不能达成期望的根本原因。一定要记住，问题得不到解决，不仅仅是孩子的事情，家长也有责任。但是仅凭你的精力、努力和毅力也不能解决问题，你仍然需要你的伙伴。在你们共同解决问题的时候，精力、努力和毅力还是会派上用场的。

觉得你应该有所有问题的答案：尽管你是成年人，但是事实是，你不可能知道所有问题的答案，然而这并不妨碍家长们的尝试。当单方面的、不知情的解决方案在孩子身上不起作用的时候，父母总会感觉很沮丧。你对于这些单方面的、不知情的解决方案的懊恼没有意义，他们从一开始就不是个好主意。幸运的是，你还有伙伴（你的孩子），如果你愿意倾听并重视他们的顾虑，也给他们机会倾听并重视你的意愿的话，你们一起得到答案的可能性会大得多。

害怕示弱：大多数时候，人类的沟通都是以胜负来衡量的。不管是在运动、生意、政治、法律系统还是在世界问题上，都遵循着“胜者为王，败者为寇”的原则。令人遗憾的是，为人父母也不例外。但是这是错误的二元观念在作祟。人类包括家长在内都容易做一些适得其反的事情，尤其是当我们决心要证明我们是多么强大的时候。但是养育孩子不是一个力量角逐的行为。和孩子合作解决影响他生活的问题并不是示弱的表现，事实上它恰恰是力量的体现。而且在你前面阅读到的许多不同的原因中来看，这也是一个很好的策略。

共情疲劳：我们生活在信息时代，很轻易地就能了解到在世界的许多地方有人因为饥饿和疾病死去，有人因为战争和暴行死去，难民流离失所，枪支暴力肆虐，海啸、洪水等自然灾害频发，虐待动物的新闻层出不穷。这都需要大量的同情心，但是人们已经渐渐地麻木了。可悲的是，这样的共情疲劳有时会使我们在与孩子的互动中也缺乏同情和怜悯的感情。

健忘：尽管你还记得在年少时犯的那些错误，但是这些错误换来的教训已经渐渐被遗忘了。你也忘记了亲身经历这些教训比家长的叮嘱更有效果。而且你已经忘记了当初自己也不那么容易接受那些教训。这可能是一个开始记忆的好时机。这并不意味着要你眼睁睁地看着孩子毁了自己的生活，你的经历学识也不会浪费。你可以帮着你的孩子从中受益，要学会以小见大，举一反三。

你在书中读到的这些技巧，是如何帮助我们培养人性中积极的一面的呢？让我们来想一想。

◆ 通过方案 B 培养的品质：同情心、换位思考、理解他人的行为

将心比心这个步骤可以让孩子练习着思考和阐述他的顾虑。而且它有利于帮助孩子用更容易被重视的方式来表达他的顾虑。这是一个多么重要

的生活技能啊！当我们包括孩子在内，对一个顾虑无法表述清楚的时候，我们的期望值就会很低。有时候因为家长没有给孩子机会说出来，所以孩子会认为自己的顾虑不会被重视。有时候和这些顾虑相关的情绪来得太快，以至于我们只顾着宣泄情绪而忽略了导致这些情绪的原因。有时候我们预期会以一场战争而告终。将心比心步骤让我们冷静下来，确保我们关注在正确的问题上：顾虑，而非权力。

孩子从将心比心步骤上能学到什么呢？他们的顾虑是正当的，父母会倾听和重视，而不会驳斥、无视或者轻视他们的意愿。那父母可以从将心比心步骤中学到什么呢？如何考虑并重视其他人的顾虑。为什么父母总是会觉得孩子的顾虑很奇怪呢？你现在已经知道了，因为父母从来没有真正地倾听过孩子的声音，这经常是因为，他们从来不主动询问孩子的顾虑。顾虑被倾听和重视的孩子会更容易学会倾听和顾忌他人的顾虑。怎么判断你使用了将心比心的步骤呢？下面的这段对话会告诉你答案：

哈德利：妈妈，我遇到一个问题。

母　亲：你想聊聊吗？

哈德利：有点想。

母　亲：好吧，那让我们来聊聊。

哈德利：我想我伤害到了我的一个朋友，我不知道应该怎么办了。

母　亲：告诉我发生了什么。

哈德利：你知道，我和路易莎和玛丽是好朋友。

母　亲：是的，这个我是知道的。

哈德利：她们两个不是太合得来。

母　亲：你以前告诉过我。

哈德利：有时候她们两个的关系让我很被动。

母　亲：确实如此。

哈德利：昨晚玛丽邀请我去她家，但是她没有邀请路易莎。而且她告诉我说，不要和路易莎说这件事，因为她不想邀请路易莎。

母　亲：然后呢？

哈德利：我应该告诉玛丽我不想对路易莎撒谎，但是我当时很赶时间，所以我答应她不告诉路易莎。

母　亲：然后呢？

哈德利：后来路易莎来电话问我可不可以陪她。

母　亲：我想我知道事情会怎么样了。

哈德利：所以我骗了路易莎。后来她发现我在玛丽家。现在她不理我了。

母　亲：我知道怎么回事了。

哈德利：我应该怎么办呢？

母　亲：你是怎么想的呢？

哈德利：我感觉很难受。我想和她道歉。但是我也不想把错都推到玛丽身上。那会让事情变得更糟糕。

母　亲：好吧，那有什么方法既可以不把玛丽拉下水又可以向路易莎道歉呢？

哈德利：我需要再想想。

母　亲：好吧。如果你想和我再聊聊就尽管说啊。

另外一段对话：

艾米丽：爸爸，周六上午我能用一下车吗？

父　亲：艾米丽，你用车干什么呢？

艾米丽：我报名周六上午去收容所做义工了，去送早餐。

父　亲：你要去干什么？再说一遍。

艾米丽：我周六上午要去收容所送早餐。

父　亲：你什么时候决定的？

艾米丽：不知道，我想了一段时间了。我很同情这些人。我的一些朋友对他们很苛刻，说他们懒惰。他们只是时运不济，或者是有一些心理问题。我的意思是，这很明显，他们需要帮助。

父　亲：对很多人来说，这可不明显。我觉得你能这么做好极了。你要几点到那儿呢？

艾米丽：早饭是7点开始，我需要6点半就开始准备工作。

父　亲：周六你经常是要睡懒觉的。你真的要这么做吗？

艾米丽：是的，这看起来更重要。

通过沟通来表达顾虑，对孩子来说是很重要的一个能力，因为方案B中交流的就是顾虑，持久的令双方都满意的解决方案就是要满足彼此的意愿。而且这个能力不仅仅是在方案B中很重要，对于人的生活来说也是很重要的。

在监狱和社区进行心理辅导的时候，我遇到了很多孩子，他们一直遭受着社会最严厉的干预措施。他们中许多孩子已经放弃了倾诉和理解。但是他们还是能够感觉到谁是真正的倾听者，能够感受到人们对他们真正的关心和对问题的关切。就是在这个时候我们开始相信，他们仍旧有能力拥有人性中积极的一面。

在西方社会，人们很依赖心理健康治疗师，这表明，许多人在日常关系之外需求倾听与关注。那么我们会和心理治疗师谈论什么呢？我们的日常生活。有这么多专业的倾听者是一件好事，但是我们对治疗师的过度依赖不容乐观。

孩子们在“界定问题所在”的步骤中也会学习到许多技能，包括同情心、换位思考、理解他人行为的意义。这些技能在帮助我们以同情和敏感的方式对待彼此方面发挥了巨大的作用。他们帮助我们避免做出对他人有害的行为。在西方社会，我们非常依赖规则和法律，以及法规的执行。但是这些都是外在的控制力，对培养人性的积极面没有太大的作用。正如你已经读过的，我们的目标是从内部找到力量，如果没有教会孩子们考虑到其他人的意愿，内部力量的塑造是不会实现的。通常情况下，我们解决问题使用的方法并不会教会孩子这些技能。如果你使用方案A，那你教给孩子的则是完全相反的东西：你没有同情心，你没有站在孩子的立场想问题，你没有理会自己的行为会影响到孩子。

人类是很脆弱的，我们总是认为自己的立场是正确的。我们会用“我们是对的”这一理念为一些最糟糕的行为辩护。这就是为什么我们搞不清楚我们意愿的合法性（这个是不容置疑的）和解决方案假设正当性的区别，这就是为什么我们会缺乏同情心，不顾他人的意愿。在这种情况下你实施的解决方案，一定不会顾及其他人的意愿。这并不是我们想教给孩子的东西！这也不是我们理想中和孩子一起解决问题的方法。

如何来判断孩子是不是如你所愿沿着正确的方向发展呢？以下是我无意间听到的一段对话：

里德（在一场随意的篮球比赛中）：犯规！

塔克：那不是一个犯规！

里德：老兄，你把我撞倒了！

塔克：不要做一个懦夫！这是一项体育运动。

里德：你在整个比赛中拼抢太凶了。

塔克：那你就好好解决啊，懦夫。

里德：我说你犯规了。

塔克：像个男人行不行。

里德：你什么意思？

塔克：就在这儿，现在就解决。

里德：你是说打一架吗？

塔克：是的，懦夫。

里德：因为一场篮球比赛打架？

塔克：是的，懦夫。

里德：老兄，我就是不想在比赛中动粗。我也没兴趣和你打架。

塔克：懦夫。

里德：你能不再犯规吗？否则，我就不和你打球了。

塔克：你应该去和女孩打篮球。

里德：好吧，这毫无意义。我不玩了。什么时候你不想打架了，我们再谈。

父母在“界定问题所在”的步骤也会学习并锻炼许多技能。就像前面读到的，父母也经常不能清楚地表述自己的意愿，仅仅是反复强调他们的期望，强行实施解决措施。在这一点上，父母和孩子是一样的。在这个步骤中，父母会发现他们的意愿会被倾听和重视；这对他们来说是全新的体验，尤其是对方案 A 的执行者来说。许多其他的技能也能在邀请的步骤得到锻炼。这些技能包括：对个人行为产生的结果和影响的预测，一个问题多种解决方案的设计，对原本计划、想法或者解决方案的转换以及根据情境因素对行动计划的调整。

邀请步骤是怎么做到这些的呢？让我们再看看在这一步会发生什么。你和孩子在考虑问题的解决方法，在评估这种方法的实际效果和满意度。实际效果会给你和孩子带来宝贵的经验，尤其是它可以帮助你们估量双方是否能够切实地在解决方案中发挥各自的力量。满意度的部分可以让你和孩子确保双方的意愿都得到重视。

你想象的解决方案有没有可能在使用方案 B 之前就制订了呢？不太可能。毕竟当你想象解决方案的时候还没有进入将心比心的步骤，你还没有听取孩子的顾虑。那孩子想象的解决方案有没有可能在使用方案 B 之前就实施了呢？不太可能，因为孩子也没有听取你的意愿。所有你们原本的解决方案都需要调整。事实上，你们会发现，不倾听和明确彼此的意愿做出的解决方案是没有意义的。

经常有人问我，是否曾经遭遇过无法找到令双方都满意的解决方案的时候。答案是，我没有遇到过那样的情况。但是我确实见到过这样的情况，就是因为他们谁也不想让步和解，解决方案相互对立，所以问题无法被解决。这主要是因为，他们略过了意愿，直接跳到了解决方案的环节，双方的意愿都没有被考虑在内。正如你所知道的，没有对立意愿之说。不能说某一方的意愿优于或者高于另一方的意愿。双方的意愿都应该被重视和明确。所以说，问题得不到解决的唯一原因就是双方的意愿没有被重视。这种情况应该是非常罕见的。

疑问 & 解惑

Q：现实世界难道不是讲究权力和控制吗？哪有那么多的合作！

A：毫无疑问，在现实世界的某些方面，权力和控制是不可缺少的。有一些工作场所就是按照那样的方式运行的，法律体系也不例外，某些国家和政治体系也是那样的。不可否认，你的孩子要学会适应那样的生活环境。但是你可能不想使用独裁的方式或者与你良好的教养模式相反的体系。现代社会需要的更多的是合作而不是对抗和独裁。幸运的是，尽管有权力斗争的存在，我们可以更有技巧地绕过这些斗争，不需要和它们对抗。而且在这个世界上合作的情况也是随处可见的，当我们相互合作的时候，更令人钦佩的人性品质的光芒会更加闪亮耀眼。

要是有一天你的孩子遇到了只会使用方案 A 的老板怎么办呢？首先，也许你的孩子会很自觉地发现他不愿意给这样的老板打工。也许他事先就发现老板很强势，但是为了成功他已经想好了生存法则。就像我的朋友托尼·瓦格纳在他的《创新者的培养：如何培养改变世界的创新人才》和《未来大教育：为什么最好的学校教不会孩子生存技巧》这两本书中提到的，你的孩子以后遇到强势老板的概率正在下降。生意场上懂得合作、摒弃强势的雇员（和老板）越来越受到重视。

这个世界有时仍然会以方案 A 中的方式来对待你的孩子吗？是的。假如他难以满足交通法中对车速的限制，他有可能会被交警叫停并拿到罚单。然后法官会强制他缴纳罚款。之后他的保险公司会要求他支付更加高昂的保险费。假如他难以按照飞机上的要求关闭手机、扣紧安全带的话，没有人会使用方案 B 来对待他。并且，飞行员在他妥协之前是不会起飞的，其他乘客也会对他颇有微词，他最终会被赶下飞机。确实如此，有些人就是因为害怕被抓、害怕被惩罚才把车速控制在要求之内，才系好安全带，才关闭手机。但是其他人是因为意识到了这样做对自己对别人都更加安全，是因为意识到自己的行为会对其他人造成影响才这样做的。后者更加可靠。孩子能够做正确的事情主要取决于家长的教育，以及家长帮助孩子解决困难的方式。

假如让我们考虑哪一种技能在现实世界中更重要，是经过方案 A 的训练盲目地服从权威，还是经过方案 B 的训练认清意愿，为他人考虑，提出有实际效果且能够令双方都满意的解决方案，答案很显然是后者。我们只需要确保你的养育方式能折射出现实世界的要求就可以了。

Q：大多数学校不是都倾向于采用方案 A 与学生打交道吗？

A：是的。当孩子不能达到期望时，确实是有不少学校采用方案 A。很遗憾。就是因为还有许多学校仍然以成年人的意志为基础，对孩子进行严厉的惩罚，所以我们失去了很多孩子。在美国，我们每年会有超过 10 万的孩子被学校开除。我们一年有超过 300 万的停课处理和上千万的放学后留校的案例。这些天文数字也证明了一些事情。首先，方案 A 在许多地方还占据主导地方。其次，方案 A 没有效果，证据就是这些天文数字。因为课后留校、停课、开除和体罚并不能解决问题。事实上，这些干预措施会把孩子越推越远。过时的管教策略不仅对有挑战性行为的孩子有害，他们对于其他的孩子也会起到相反的作用。

幸运的是，你可能发现有些州和学校开始尝试不同的策略，尝试降低停课和课后留校的惩罚比例，消除体罚，减少对禁闭室的依赖，这些州和学校的做法开始成为人们关注的新闻。那些仍然依赖惩罚和强制干预的学校也多次出现在负面新闻里。这就是进步。

那么，这些和你抚养孩子有什么关系呢？很有可能，你会接到老师、学校辅导员、校长的电话，说你的孩子无法达到某些特定的学业和行为期望。当这样的情况发生时，你很可能会陷入拉锯战中：不得不重拾体罚手段——让孩子通过皮肉之苦来吸取教训，证明你是作风严厉的家长，不害怕使用严苛手段去教育孩子。

抵制拉锯战。尽管你可以向学校的管理者证明你很擅长严厉地管教孩子，你也可以选择用让大家耳目一新的方法，从孩子那里了解到底是什么原因导致他无法完成任务，和校方一起努力解决问题。忙碌的教育者比其他行业的人，更愿意快速解决问题！帮助他们放缓节奏。欲速则不达。因为太仓促的修补经常是不奏效的。

与校方通过合作来解决问题的第一步就是见面沟通，了解孩子为什么无法完成要求的任务。一定要让学校知道，你不是想要为孩子找借口，你是在尝试了解问题的根源，他们使用的诸如调整、适应、引导、激励等措施之所以没有效果，就是因为他们没能了解事情的真相。要让校方意识到你很重视他们的顾虑，你很看重这个问题，你希望事情得到圆满解决。并且，你要确保你的孩子也参与到问题的解决中。

学校在对付学业不好和有挑战性行为的孩子时会愿意与家长合作吗？毫无疑问，他们是愿意的。这也是我创作《迷失在学校》（Lost at School）和《失而复得》（Lost and Found）的原因。

Q：和无私比起来，孩子们近来被灌输的信息难道不是自我关注吗？

A：这取决于你怎么看。尽管合作、同情、宽宏大量在新闻上可以见到，但是信息的主旋律尤其是在广告中，还是注重自我意识，个人愿望的满足，媒体和商家还是鼓吹着生活这个非赢即输的命题。我们需要的不是更多的赢家和输家，而是能够达到双方满意的局面。我们不需要更多的“我对，你错”，我们需要人们学会倾听、正视彼此的立场。非黑即白的理论确实可以造成吸引眼球的头版头条，但是灰色才能满足心有灵犀、心意相通的诉求。我们有亟待解决的问题，我们需要开发自己人性中更加令人欣赏的本能去解决它。这些本能就在那里，需要我们去培养挖掘。

Q：我只是希望孩子能够拥有幸福、有意义的生活。我希望与孩子愉快地相处。这些目标都是可以实现的吧？

A：你也许要思考一下幸福和有意义的具体含义了。这里还要再次提到哈拉里先生对尼采的解读：如果一个人知道自己为什么而活，他就可以忍受任何一种生活。即使是在艰苦的条件下，生活也可以是有意义的，反过来说，不管生活得多么舒适也未必就是有意义的。就像你想的，儿童时期健康的精神状态与和善的行为往往能够预言成年后的美满生活。学业上的成功并不是将来生活美满的保证。是否能够和孩子愉快地相处主要取决于你对孩子的期望值和满足情况之间的差异。如果你对孩子的期望是强制、僵化、先入为主的，那你很可能不会和孩子愉快地相处了。如果你能够把自己角色的定位找准，能够在影响和探究孩子的特质中找到平衡，能够接受孩子的特质，并且帮助他在生活中正视自己，那么你可能就是合格的家长了。

布兰顿家

和儿子制订补习历史数学的计划，男友保证不愉快的事情不会再发生

凯拉等着布兰顿放学回到家。“我们需要谈一谈。”她说。

“我知道了。”

“我认为我们现在实行的作业安排效果不好。”凯拉说道。

布兰顿也同意这种说法。

“所以我们要想想以后该怎么办。”

布兰顿点点头：“很抱歉让你和托尼大吵了一架。”

“我不认为是你导致了我们吵架。我想我回避某些问题已经很久了，终有一天是要爆发的。”

“我是不会允许他动手打你的。”布兰顿说。

“谢谢你站在我这一边。但是那是我的事情。而且托尼以前从来没有动手打过我。他向我保证，这样的事情以后再也不会发生了。他对于自己的行为也很抱歉。所以我想你不需要再担心了。但是你和我，或许还有托尼需要解决家庭作业这个问题。”

布兰顿点了点头。

“让我们先谈谈，你能让我知道你为什么不愿意让托尼帮你辅导功课吗？”

“他并没有真正帮到我。他只会朝我吼叫，说我不够努力。但是我还是有不明白的地方。托尼的吼叫并不能帮助我理解那些问题。这只能让事情变得更糟。”

凯拉点点头：“有什么科目的作业是你需要帮忙的吗？”

“历史。”布兰顿说得很肯定。

“好的，我知道了，还有其他的吗？”

“数学。”

“这个我也知道。你现在数学学什么呢？”

“二次方程式。”布兰顿说。

凯拉笑了：“是呀，我已经没办法辅导你了。”

布兰顿没有领会到凯拉幽默的含义：“托尼说他也不懂了。”

“还有吗？”凯拉问。

“没有了，就这两门。”

“历史这门课有什么不明白的呢？”

“所有的。我需要有人帮助我复习考试，还需要有人帮我组织项目论文。”布兰顿说，“我大概每两周都需要做一个项目论文。”

“托尼都没有办法辅导你吗？”

“他都没帮我。他就会冲我发火，说我懒惰。我一点也不懒。”

凯拉做了个鬼脸：“好吧，我也认为你不懒。我担心的是，如果你的数学和历史没有辅导的话，你在班级里的成绩会很不好。如果我继续要托尼辅导你的话，你们两个会打起来，而且你还得不到帮助。”凯拉停顿了一下，布兰顿还在听，“所以，我在想是不是有什么办法可以让你在数学和历史课上得到帮助，又不会和托尼打起来，你在班里的成绩还能有显著提高。”

布兰顿想了想。

“学校放学后有个数学俱乐部，”他说，“我没办法去是因为我还有棒球训练。”

“你还要进行棒球训练，一周两天吗？一周一次比赛吗？”

“嗯。”

“那数学俱乐部呢，多久一回呢？”

“我还不知道。”

“我们怎么才能知道时间安排呢？我的意思是说，你能在每周不需要进行棒球训练和比赛的那几天去数学俱乐部吗？”

布兰顿答应去研究一下这么做的可能性。

“那还有历史呢？怎么办呢？”

“是呀，还有历史呢。我们怎么办呢？”

“你可以帮助我啊。”

“我吗？亲爱的，我还需要上班啊。”

“那你不上班的时候呢？你大概一周休息两天，有时候是三天。你可以在那几天帮我啊。就在晚上，在棒球训练之后或数学俱乐部之后就可以。”

凯拉想了想：“我觉得可以。这些辅导够吗？”

“我想足够了。”布兰顿很满意这样的解决方式，“谁去告诉托尼我不用他辅导我课后作业了呢？”

“他下班之后，我来告诉他吧。”凯拉说，“但是我希望咱们三个都在。”

当晚吃饭的时候，凯拉开始了这个话题。

“从今天开始，我来辅导布兰顿的课后作业。”她告诉托尼。

托尼的眼神离开他的意大利面条：“你什么时候给他辅导呢？”

“我不需要上班的时候，在晚上辅导。”

托尼一边嚼着面条，一边摇头：“慈母多败儿啊。”

“不是慈母多败儿，”凯拉说，“我就是想，我们可以换种方式来辅导家庭作业。”

“太好了，”托尼说，“既然你想帮他，那你来吧。我欢迎你来感受一下他的胡闹。”

“那就让我们拭目以待吧。”凯拉说，希望这个话题就此打住。

但是托尼还没有完的意思：“他以后不会总有妈妈来救场的。”

“我没想着什么事情都帮他，”凯拉说，“就是看看能不能辅导他功课。”

“以后他上班了，如果他有一个我这样的老板的话，你还能帮他吗？”托尼问。

突然，布兰顿说话了：“我不会有一个和你一样的老板的。”

托尼沉默地思考着。他慢慢地嚼着食物，瞪着布兰顿。然后他微微地笑了。凯拉和布兰顿相互看了看，不知道他什么意思。托尼的笑容更明显了，他点点头：“是的，我希望你不会遇到我这样的老板。”然后他轻声地笑了。

凯拉和布兰顿看着托尼，等着他往下说。

“布兰顿，我说啊，你不要在意他人的看法。”托尼笑了，“我猜我会因此而佩服你的。如果我对老头子说那样的话，他会把我甩到房子另外一边去。现在想想，他不让我发表自己的意见，这一点让我很不喜欢。”

凯拉长出一口气。布兰顿震惊地看着他。

“老兄，我告诉你，”托尼说，“我不会放弃帮你辅导功课的。如果可以，我会看着你妈妈辅导你。但是我什么也不会说。我们看看是不是她做得比我好。如果她能做好，我要再尝试一次，就按她的方式来。我不想成为你的敌人。我保证，昨天发生的事情再也不会发生了。”

汉克家

方案 B 实施之后效果显著，决定继续尝试

对汉克和夏洛特实施方案 B 几个月后，丹尼斯在工作日起了个大早。她发现自己都收拾利落可以上班了，但是距离叫醒孩子们还有 10 分钟的时间，于是她利用这段时间给自己冲了一杯咖啡。发了 2 分钟的呆之后，她的大脑开始运转了起来。

汉克不吃早饭的问题解决了。她了解到，汉克早晨吃完燕麦粥之后会胃疼，他们随后发现，罪魁祸首原来是乳糖不耐症。在研究不同的牛奶替代品之后，汉克现在喝的是杏仁牛奶麦片粥。丹尼斯想，汉克的问题解决了。

解决汉克和夏洛特无法共享电视的问题时，他们进行了细微的时间调整，现在进展得也很好。

为了解决尼克沉迷于在电脑上打游戏、看视频的问题，丹尼斯也对他使用了方案 B。她还发现，尼克在网上会看一些含有暴力倾向的内容，尼克已经同意不再浏览那些网站了，而且保证工作日上网不会超过 60 分钟，周末上网不超过 75 分钟。他还同意不清空自己的浏览记录了，同时他们决定不再用无痕浏览模式，这样，丹尼斯就可以检查他浏览的东西了。这些解决方法也很棒。但是尼克还是不知道应该做点什么。他说他们住的附近的邻居里没有什么朋友，所以现在他不在电脑前的时候只能和夏洛特一起看电视。丹尼斯想，还需要再考虑考虑这个问题。今晚睡觉的时候就想。

下一个呢？丹尼斯思索着。上次的成绩单上，汉克的几何和世界史的成绩并不好。这周要找时间和他聊聊。丹尼斯想着。就是要和他谈谈时间的问题。汉克对于合作解决问题还是没有那么热衷，但是他在逐渐地变化。

夏洛特说，这周末她不想去参加好朋友安德莉亚的生日宴会。丹尼斯忍着没告诉夏洛特她必须要去。需要找个时间问问原因，丹尼斯想。今晚吧，哄她睡觉的时候可以问问。

她的思绪又回到了尼克身上。如果不强调的话，他总是不把洗碗池收拾干净。丹尼斯决定，这个问题可以推后解决。现在重要的是，要想办法让尼克不再总守着电脑，她想。那个孩子需要朋友。她笑了笑。你怎么就直接为他决定了呢，她想着。还是没有彻底放弃以前的习惯。于是她想了想其他的事情。最近，尼克从他爸爸那里回来后总是闷闷不乐。这个才是现在最应该解决的问题。今晚睡觉前需要谈谈。

她看了看表，深吸一口气。该叫孩子们起床了，她想着。

泰勒家

三方交谈后妻子初次尝试接触女儿，希望通过努力能够改变母女相处模式

距上次关于“短信报平安”的谈话一个月之后，事情进展得都很顺利。一天下午放学之后，克莉丝汀和泰勒都在家中。在过去的几周中，克莉丝汀一直是做着观察员，她看着丹是如何和泰勒一起解决另外几个问题的，一个是门禁的时间问题，另外一个就是泰勒去参加了一个同学的聚会，那个同学的家长克莉丝汀和丹并不认识。当克莉丝汀路过泰勒关着的房门时，她被里面的声音吓了一跳，好像是哭声。她停下来仔细地听着。毫无疑问，是泰勒在哭。

克莉丝汀的第一反应是慌乱。她多么希望丹在家。但是丹出差了。怎么办呢？克莉丝汀想。她是不会告诉我发生了什么事情的。

克莉丝汀站在门口，僵硬地杵着。如果她出来看到我在这里站着，肯定会生气的，克莉丝汀想，我不能站在这里。

她准备走开。但是她又停了下来，转身轻轻地在房门上敲了敲。

哭声停了下来。“怎么了？”里面传来尖锐的回应。

“你没事吧？”克莉丝汀问。

“没事。”泰勒抽泣着说。

“你听起来状态很不好。”

“什么，你一直在偷听吗？”

“没有，我就是正好路过。”

“我没事的。”

“我能进来吗？”

“无所谓。”泰勒说。

克莉丝汀慢慢地打开门。泰勒用袖口擦了擦眼睛。

“亲爱的，你怎么了？”克莉丝汀问。

“什么事也没有。”泰勒说。

“听着可不像是没事。”

“好吧，也可能不是没事，但是我不想说。”

“你想和你爸爸聊聊吗？”克莉丝汀问，“你可以给他打电话。”

“晚点再说吧。”泰勒说。

“你不想和我说说吗？”

“不想。我不喜欢和你说。你太小题大做了。你觉得什么事情都是灾难。”

“我确实是有点小题大做，难道不是吗？”克莉丝汀说。

泰勒惊讶地看着她：“是的，你确实如此。”

“所以你什么也不愿意和我说。”

“告诉你，只会让事情更糟糕。而且，我自己就能解决。”

“很抱歉我的小题大做让事情变得更糟糕。你知道，我正在努力克制自己，不要那么大的反应。你没发现我最近做得不错吗？我只是听着你和你爸爸说。”

“我猜是的。”泰勒边说边吸着鼻子。

“我知道你不相信我会做到，但是我现在可以只是倾听。”

“你说的对，我不认为你能做到。”泰勒不以为意地说。

克莉丝汀坐在泰勒的床上：“我想试试。”

泰勒不买账：“怎么着，要进行某种心理实验吗？”

“不是的，就是一个想念女儿的母亲。”

“什么意思，什么叫你想念我？”

“我的意思是，过去你和我很亲密。然后我因为担心你而反应过度，于是你就什么也不和我说了。我很抱歉。我希望你能信任我。”

泰勒不确定克莉丝汀要干什么：“嗯，好吧。”

“我知道这有点煽情了，但是我想现在我能做到只听不说。”

泰勒还是不确定：“你又看什么书了吗？”

“没有，我最近没看什么书。”克莉丝汀笑了笑，“我只是读了一些关于家庭教育的书，我做得还不够好。”

泰勒并没有什么触动：“因为你觉得学会倾听了，就想让我和你交流了？”

“我不知道。我猜我希望你也许有一天会给我这个机会。”

克莉丝汀觉得，泰勒想查看一下手机的短消息，每次她不自在了都会这样。“嗯，那好吧。”泰勒说。

克莉丝汀站了起来：“所以，不管是什么事情让你不开心了，你想和我聊的话随时都可以。”她转身准备离开。

“妈妈？”

“怎么了？”克莉丝汀说着，转向泰勒。

“你不是个糟糕的妈妈。”

“你能这样说太好了。”克莉丝汀眼泪要涌出来了，她在努力克制着。

“你就是太担心我了。”

“我希望你一切都顺顺利利。”

“是呀，你越是担心我是不是所有事情都顺利，我和你之间的距离就越远。我觉得生活中不可能事事都如意。你的生活中也会有一些小插曲，你的日子照样过啊。我也可以的。你还记得以前你车里面放的音乐吗？是怎么唱的来着？‘你哭过，你学会了……你呐喊过，你学会了……你失败过，你学会了……你受伤流血过，你学会了……’还记得吗？”

克莉丝汀点点头：“我想我需要放手让你自己成长了。记住，你需要我的时候一定要告诉我。我想我学会倾听了。”克莉丝汀疾步走出房间，关上房门。在她下楼梯的时候，她长出一口气，脑子里想着，我能做到的。

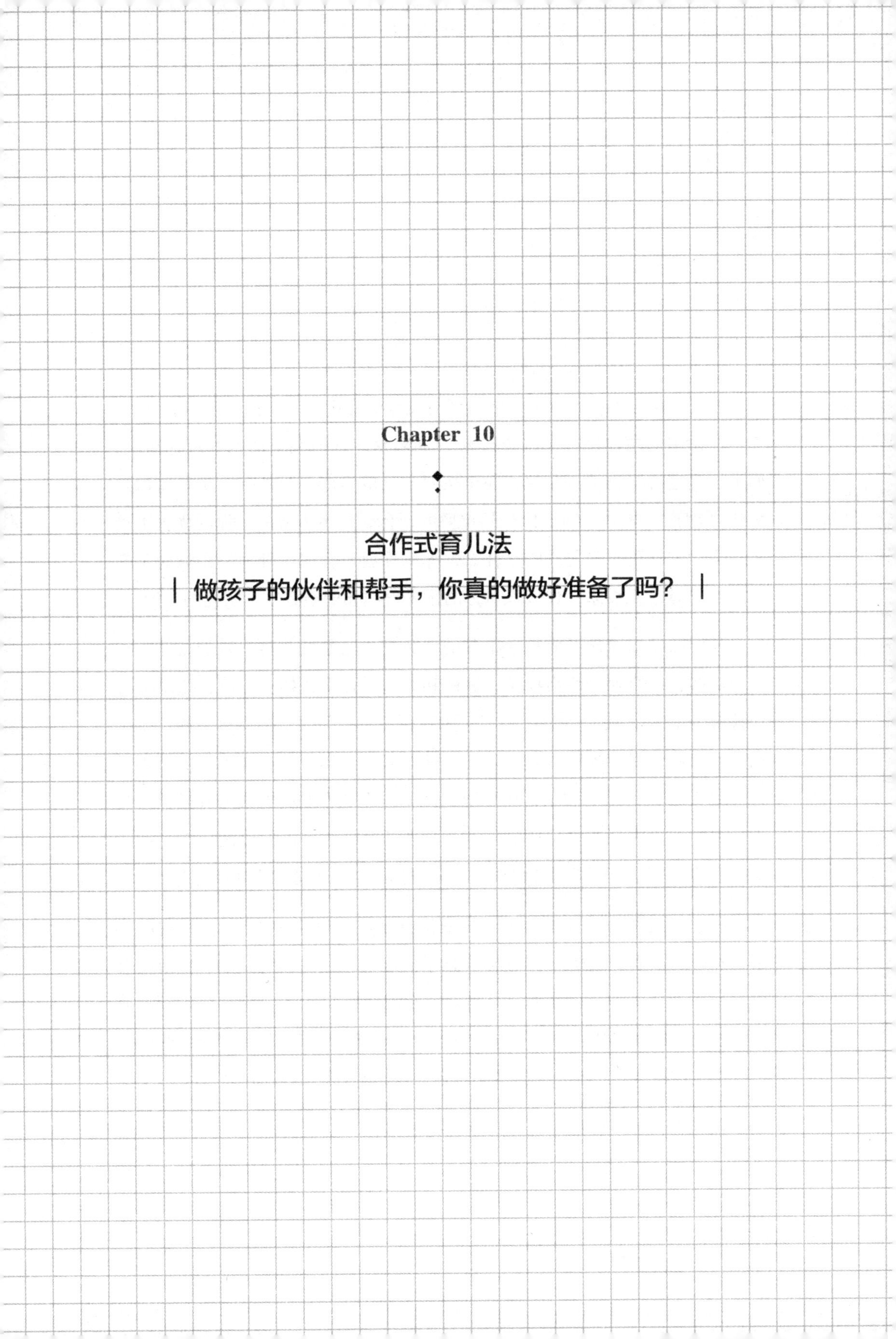

Chapter 10

合作式育儿法

| 做孩子的伙伴和帮手，你真的做好准备了吗？ |

在阅读这本书的过程中，你已经对父母的身份、希望孩子培养的品质、在她生活中的角色进行了自我检查。面对众多迎面袭来的家庭育儿指南，如果你决定打开自动行车仪，完全按照自己的本能去做的话，也是可以理解的。然而，如果你知道什么是重要的，什么是不重要的，你的优先事项是什么，你真正想要完成的是什么，那么你就不会因为外力的影响而不知所措。从这一点看来，你应该对你的优先事项和期望有一个明确的认识。

我们已经知道孩子成长最重要的任务是弄清楚她是谁，她的技能、喜好、信仰、价值观、性格特质、目标和方向是什么，接受自己，追求与之相符合的生活。我们也意识到了，作为家长，必须要学会保持平衡：接受孩子的特质，帮助她顺利成长，确保她能从父母的智慧、经历和价值观中有所收获。我们也明白了，用传统的强调权力和专制的方式来管教孩子是不能帮助家长保持这个平衡的，一个全新的身份（解决问题的伙伴）和与众不同的方法（合作式问题解决法）会帮你在育儿的道路上走得更远。

我们总是用协调和矛盾来看待衡量孩子成长过程中承受的来自社会、学业和行为方面的期望。当期望和孩子的能力相互协调的时候，生活就会很美好。当矛盾出现的时候，就意味着有问题需要解决。你解决问题的方式方法对问题的解决，以及你与孩子的关系有很大的影响。尽管协调统一是一件很棒的事情，但是矛盾的出现和解决也是孩子成长的动力。

我们明确了只要孩子有能力就能把事情做好这个理念，做好是我们的希望，把事情做好的主要因素是技能而不是动机。现在你知道了，技能是拉动火车的引擎，动机只是最后的那一节守车。

如何合作解决问题你已经读到很多了。方案 B 的这三个步骤把为人父母最重要的方面都涵盖了：理解孩子的顾虑、想法、观点；考虑你的顾虑和想法；和孩子一起找到现实的、令双方都满意的解决途径。合作解决问题也许很难，也许和你自己经历的成长方式有很大的区别，但是它真的很重要。而且你也能够做到。

我们把优秀家长的最重要的特点用帮手来描述。帮手不会把事情弄得更加糟糕；他们能够提供帮助。帮手不会让自己受到自身情绪的影响。家长的焦虑往往会火上浇油，所以我们讨论了如何让家长在担心孩子健康成长的时候保持清醒的立场。有很多因素都可能会让你走上方案 A 的道路。如果你能意识到这些，就能保持最佳的方向选择。

总之，我们知道在专制独裁和纵容妥协之间还有很大的合作空间。尽管不容易做到，会有许多波折，也没有捷径可言，尽管很难坚持，独断和专制会时常浮出水面，但是还是很值得我们去不断地开拓，只有种下希望的种子，我们才有可能得到期望的收获：通过与孩子的亲密关系与正确的沟通，能够对孩子的生活有一定的影响力。影响孩子生活的问题不一定都会引发冲突。它们只是一些需要被解决的问题。

合作式解决问题的方法可以帮助你维持对孩子的影响力，并在帮助孩子认清自己之间，找到平衡，也有助于培养人性的积极品质：同情心、诚实、合作、坚韧、独立、学会欣赏别人的行为、换位思考、以和平的方式解决分歧。你希望自己的孩子拥有这些品质，做最棒的自己，成为最好的朋友、爱人、家长、邻居和市民。你对她童年的教导会让她拥有这些品质和满足这些角色所需要的能力。这是现实世界对她的要求。这也是现实世界对大多数人的要求。

一切都是从为人父母开始的。我们是在用可以培养人性的积极品质的方式在抚养孩子吗？当然了，我们做得还不够。但是我们真的明白了应该如何以全新的视角去抚养孩子。书中提到的方法可以帮助你、你的孩子和我们其他人做到这一点。对于希勒尔“如果不是现在，那要等到什么时候”的问题，答案已经显而易见了。

我们已经到了这本书的结尾。你的孩子正在等着你。

致 谢

许多人都对这本书的初稿提供了反馈意见。在这里我要特别感谢我的编辑西蒙－舒斯特出版公司的香农韦尔奇，还有的我终生编辑莎曼珊·马丁，感谢他们的智慧、指导和耐心。

这本书凝聚了许多人的智慧，多年来，他们一直深深地影响着我的思想。当然，首先就是我的家人。我的外祖母，克拉拉·斯奈德，是一位思想很前卫的女士，对于很多事情都有自己的见解，对于她的家庭更是有主见。我的外祖父，赫尔曼·斯奈德教会我坚韧，视金钱如流水，认为钱赚来就是用来花的；他在一场火灾中幸免于难；他一生跌宕起伏，但仍不忘初衷。我的祖父亨利·格林教给我幽默的价值，告诉我不用太把自己当回事。我的祖母丽诺尔·格林性格坚韧，很会识人，实事求是。尽管他们已经不在人世了，但是他们的身影还在这本书中。

我的父亲欧文·格林在二十五前去世了，直到他离开我们才意识到他就是这个家的黏合剂。我的母亲是一个温和随性的人，她教会我如何去关怀那些不幸的人，如何克服生活中的困难。我与吉尔·默曼、格雷格·格林亲密的同胞关系证明我是一个幸运的哥哥，尽管小的时候没有什么预兆，但是当我需要他们的时候，他们总是会给我支持。我的妻子梅丽莎也是一个温和的人，她面对生活挑战的勇气和坚强总是激励着我。

我的好运气不仅来自于我的家庭。书中提到的现在被叫作“积极合作式问题解决法”的教育模式是多种理论影响的综合体，包括社会学习理论、家庭系统理论、交易 / 互惠发展模式、拟合优度理论、神经心理学、发展精神病理学。我有一些很好的老师——多年来让我接触到这些模式，以及众多杰出的思想家。我之所以能够成为一名心理学研究者，就是因为在佛罗里达大学读本科的时候，贝特西·奥特梅尔博士为我找到了方向。在弗吉尼亚理工大学读研究生的时候，许多人帮助我继续前行，包括我的导师托马斯·奥勒迪克博士，我的临床导师乔治·克拉姆博士。托马斯教我透明、公平和忠诚，以及如何批判性地思考。乔治教给我如何知人、识人、诲人。在全世界的许多同事也给了我很多影响，在这里我就不再一一致谢，但是你们自己应该都知道的。

我还从成千上万的家长、老师、孩子身上学到了很多，很有幸能和他们共事多年。和你们一起工作是多么的快乐和自豪。谢谢你们的信任。

还有我的孩子塔里亚和雅各伯，他们是我最好的老师。能够成为他们的父亲是我生命中最大的惊喜。他们不断地给予我快乐，也时刻督促我学习。尽管我最后才提起他们，但是他们知道，在我心中他们永远排在最前面。